ARNO BACKHAUS

Was zählen Schafe,
wenn sie nicht schlafen können?

ARNO BACKHAUS

Was zählen Schafe, wenn sie nicht schlafen können?

Witziges zum Drüber-nach-Lachen

Ht̄t̄ Ht̄t̄ III

Brendow.
VERLAG + MEDIEN

Es war uns leider nicht immer möglich, alle Fremdzitate ihrem
jeweiligen Urheber zuzuordnen. Für entsprechende Hinweise sind
Verlag und Autor dankbar.

Bibliografische Information der Deutschen Nationalbibliothek
Die Deutsche Nationalbibliothek verzeichnet diese Publikation in der
Deutschen Nationalbibliografie; detaillierte bibliografische Daten
sind im Internet über http://dnb.d-nb.de abrufbar.

2. Auflage 2014
ISBN 978-3-86506-524-7
© 2013 by Joh. Brendow & Sohn Verlag GmbH, Moers
Einbandgestaltung: Brendow Verlag, Moers
Titelgrafik und rechte Klappe: Thees Carstens
Satz: Brendow Verlag, Moers
Druck und Bindung: CPI – Clausen & Bosse, Leck
Printed in Germany

www.brendow-verlag.de

Inhalt

Der kleine Unterschied
Konfus... äh, Konfessionen

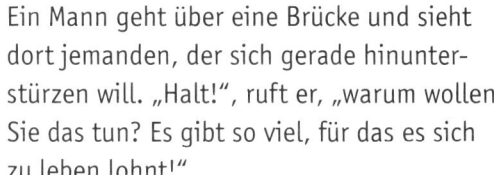

Ein Mann geht über eine Brücke und sieht dort jemanden, der sich gerade hinunterstürzen will. „Halt!", ruft er, „warum wollen Sie das tun? Es gibt so viel, für das es sich zu leben lohnt!"

„Ach ja?", antwortet der Lebensmüde, „was denn zum Beispiel?"

„Nun ja – sind Sie religiös?"

„Ja!"

„Sind Sie Christ?"

„Ja, bin ich."

„Wunderbar! Ich auch! Katholik oder Protestant?"

„Protestant."

„Denken Sie: ich auch! Welche Kirche?"

„Baptist."

„Halleluja! Ich bin auch Baptist! Reformierte Baptisten oder Liberale Baptisten?"

„Reformierte Baptisten."

„Ein Bruder! Reformierte Baptisten der alten oder neuen Provenienz?"

„Alte Provenienz!"

„Oh, es ist nicht zu fassen. Was für ein Wunder! Alte Provenienz der Elberfelder oder der Barmer Reformation?"

„Reformierter Baptist Alter Provenienz der Elberfelder Reformation."

„Ich kann es nicht fassen. Ich auch! Gesangbuch von 1856 oder 1877?"

„1877."

„Dann spring, du Ungläubiger!"

▶▶ Im Dorfteich planschen nackt ein katholischer Junge und ein protestantisches Mädchen. Beim Abtrocknen sagt der Junge: „Jetzt kenne ich endlich den Unterschied zwischen evangelisch und katholisch ..."

▶▶ Eines Tages kommt der alte Schwerenöter in die Hölle. Er wird von Luzifer persönlich empfangen: „Schönen Tag, der Herr. Bier, Wein, Sekt, Limo gefällig?"

„Waaas? Das gibt´s hier?"

„Ja, all das gibt es hier. Und tolle Weiber und Tennisplätze, Bars ..."

„Toll! Und was ist hinter der Betonwand da hinten?"

„Hinter der Betonwand brennt ein gewaltiges Feuer."

„Ahaaaa! Also doch!"

„Ach, das ist nur für die Christen, die wollen es so."

▶▶ Eines Tages klingelt das Telefon beim Papst: „Hallo, hier spricht Gott. Ich habe eine gute und eine schlechte Nachricht." Papst: „Zuerst die gute Nachricht!" Gott: „Ich habe beschlossen, die ganze Welt unter einer gemeinsamen Kirche zu verbinden." Papst: „Großartig, das ist genau das, wofür wir die ganzen Jahre gearbeitet haben. Und was ist die schlechte Nachricht?" Gott: „Ich rufe aus Wittenberg an."

▶▶ Bischof Hengsbach besucht eine Zeche im Ruhrgebiet. „Na, mein Sohn", fragt er einen Kumpel, „warst du denn am Sonntag auch in der Messe?"

„Nein, Herr Bischof", antwortet der, „ich bin doch evangelisch!"

„Na, aber du warst doch dann sicher im evangelischen Gottesdienst?"

„Ach, wissen Sie, Herr Bischof, am Sonntag kann ich doch mal richtig ausschlafen.Wenn ich die Glocken höre, drehe ich mich noch mal um!"

„Aber, aber mein Sohn, was würde denn der Dr. Martin Luther dazu sagen?!"

„Mensch, Herr Bischof, bleiben Sie mir bloß weg mit den Knappschaftsärzten!"

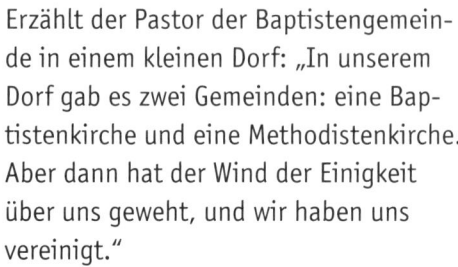 Erzählt der Pastor der Baptistengemeinde in einem kleinen Dorf: „In unserem Dorf gab es zwei Gemeinden: eine Baptistenkirche und eine Methodistenkirche. Aber dann hat der Wind der Einigkeit über uns geweht, und wir haben uns vereinigt."

„Also gibt es jetzt nur noch eine Kirche in deinem Dorf?"

„Nein", sagt der Pastor. „Jetzt gibt es drei: eine Baptistengemeinde, eine Methodistenkirche und eine Vereinigte."

„Knöpfe haben wir mittlerweile genug. Meine Frau lässt um Nadel und Zwirn bitten!"

Pfarrwitze

▶▶ Zwei Pfarrer unterhalten sich über die Kollekte. Der erste meint: „Ich nehme mir immer die Scheine raus, das Kleingeld bekommt der Herr."
Sagt der zweite: „Also, ich mache das anders, ich nehme die ganze Kollekte, werfe sie hoch und sage: ,Nimm, Herr, was Du brauchst.' Und was wieder herunterfällt, gehört mir."

▶▶ Der Pfarrer von seiner Kanzel zur Gemeinde: „Kommen wir nun zur Kollekte. Knöpfe haben wir mittlerweile genug. Meine Frau lässt um Nadel und Zwirn bitten."

▶▶ Ein stolzer Autobesitzer zu einem liberalen Pfarrer: „Ich habe mir einen Jaguar gekauft. Würden Sie ihn segnen?"
Der Pfarrer: „Jaguar, große Klasse, 250 Sachen ... aber ,segnen', was ist das?"
Der Mann geht resigniert weg und kommt zu einem Pfarrer, der sich entschieden zu seinem Glauben bekennt. Dem trägt

er erneut sein Anliegen vor. Der Pfarrer antwortet: „Segnen gern – aber was ist das, ein ‚Jaguar'?"

▶▶ Eine ältere Frau kommt zum Pfarrer und sagt, sie wolle sich scheiden lassen. Ihr Mann erfülle seine ehelichen Pflichten nicht und lasse sich kaum noch zu Hause blicken. „Du hast recht, gute Frau", sagt der Pfarrer, „so geht es nicht." Eine Stunde später kommt der Mann der Frau zum Pfarrer und sagt, er wolle sich scheiden lassen. Seine Frau kümmere sich nicht um ihn und lasse das Haus verkommen. „Du hast recht, guter Mann", sagt der Pfarrer, „so geht es nicht." Die Frau des Pfarrers hat alles mitbekommen. „Du kannst nicht beiden recht geben", sagt sie. „Du hast recht, gute Frau", sagt der Pfarrer, „das geht nicht."

▶▶ Eine Dame kommt zu einem Pater und bekennt: „Ich schaute heute Morgen in den Spiegel und fand, dass ich sehr schön aussehe! Ist das Sünde?" Darauf schaut der Gefragte die Dame etwas genauer an und erklärt: „Nein, Irrtum ist keine Sünde!"

▶▶ Zwei Pastoren fischen am Rand der Straße. Sie haben ein Schild aufgestellt, auf dem zu lesen steht: „Das Ende ist nah! Kehrt um, bevor es zu spät ist!" Aus einem vorbeifahrenden Auto schimpft jemand: „Lasst uns in Ruhe mit euren frommen Sprüchen!" Kurz darauf hört man ein lautes Platschen. Der eine Pastor sieht den anderen fragend an und sagt: „Findest du, wir sollten stattdessen ein Schild aufstellen, auf dem steht: ‚Ende der Brücke'?"

▶▶ Drei Gemeindeamtsleiter unterhalten sich, wer denn wohl den liberalsten Pastor in der Gemeinde habe. Munter prahlt der erste drauflos: „Unser Pastor bietet Tanzkurse um den Altar an!" Der zweite: „Das ist doch gar nichts! Unser isst am Karfreitag vor der ganzen Gemeinde ein Steak!" Darauf meint der dritte nur: „Vergesst das alles! Unser Pastor hängt an Weihnachten ein Schild an die Kirchentür: Wegen Feiertag geschlossen!"

▶▶ Steven trifft den neuen Pfarrer auf der Straße. Der kennt sich im Ort noch nicht so gut aus und fragt ihn, wo der Lebensmittelladen sei. „Ich weiß es, aber ich sag es nicht", antwortet Steven. „Du bist aber kein lieber Junge", sagt der Pfarrer, „du kommst sicher nicht in den Himmel." Darauf sagt Steven: „Und du nicht in den Lebensmittelladen!"

▶▶ Ein Delinquent wird vom Pfarrer zum Galgen begleitet. Es regnet in Strömen. Gefangener: „So ein Sauwetter, Herr Pfarrer ..." Pfarrer: „Sie haben gut reden, ich muss auch noch zurück!"

▶▶ Der Pfarrer ärgert sich, dass so viele Leute zu spät zum Gottesdienst kommen. Daher hängt er ein Schild an die Tür: „Wer zu spät kommt, stört!" Am nächsten Sonntag hat jemand druntergeschrieben: „Aber er kommt!"

▶▶ Am Niederrhein gibt es zu bestimmten Jahreszeiten Grünkohl mit Wurst. Und da früher die Pastoren regelmäßig bei familiären Festen und Feiern eingeladen wurden, kamen sie oft in den Genuss von Grünkohl, insbesondere bei ärmeren Familien. Nun ist dieses Gemüse aber nicht jedermanns Geschmack. In einer Gemeinde schickte daher ein Pastor zu den ärmeren Familien gerne den Vikar. Einmal war dieser aber verhindert, und so saß der Pastor am Sonntagmittag vor der dampfenden Schüssel, die erwartungsvollen Blicke auf sich gerichtet. Er greift hinein – und zieht fünf Würste am Stück heraus. Nach einem kurzen Moment der Stille meint er: „Nun, schon in der Bibel heißt es: ‚Was Gott zusammengefügt hat, soll der Mensch nicht scheiden!'"

▶▶ „Unser Pfarrer ist wie der liebe Gott", sagt ein Kirchenbesucher. „Am Sonntag ist er unbegreiflich und während der Woche ist er unsichtbar."

▶▶ Sagt der Pfarrer zum Küster: „Keine Menschenseele in der Kirche, nicht mal der Organist. Wer spielt denn da?" Sagt der Küster: „Bayern gegen Dortmund!"

Das perfekte Ehepaar – und andere Märchen

Geschlechterk(r)ampf

▶▶ Ein Blinder kommt in eine Bar und ruft in Richtung Barkeeper: „Hey, willst du einen Blondinenwitz hören?" In der Bar wird es plötzlich totenstill. Sagt die Frau neben dem Blinden mit ruhiger Stimme: „Es gibt etwas, das du wissen solltest, bevor du deinen Witz erzählst! Der Barkeeper ist ´ne Blondine, die Rausschmeißerin hier ist blond und ich, 1,80 m groß, 100 kg schwer, Besitzerin des Schwarzen Gürtels in Karate, bin ebenfalls blond. Jetzt denk noch mal ernsthaft darüber nach, ob du immer noch deinen Witz erzählen willst!" – „Nö", sagt der Blinde, „nicht, wenn ich ihn dreimal erklären muss!"

▶▶ Zwei Nachbarinnen unterhalten sich. Die eine: „Die Ehe des Professors, der auf meiner Etage wohnt, soll sehr unglücklich sein." – „Kein Wunder, er ist Mathematiker und sie ist unberechenbar."

Eine Frau und ein Mann sind in einen Autounfall verwickelt. Es hat ziemlich gekracht, beide Autos sind total demoliert. Wie durch ein Wunder hat sich keiner der beiden verletzt. Nachdem sie aus ihren Autos gekrabbelt sind, sagt der Mann: „So ein Zufall! Sie sind eine Frau, ich bin ein Mann. Schauen Sie nur unsere Autos an ... beide total demoliert, aber wir sind unverletzt. Das ist ein Fingerzeig Gottes. Er will bestimmt, dass wir von nun an bis ans Ende unseres Lebens zusammenbleiben." Die Frau schaut den recht attraktiven jungen Mann an und meint: „Sie haben recht, dass muss ein Fingerzeig Gottes sein." Der Mann fährt fort: „Ein weiteres Wunder: Mein ganzes Auto ist Schrott, aber sehen Sie: Die Weinflasche auf dem Rücksitz ist unbeschadet! Anscheinend will Gott, dass wir auf unser Glück anstoßen!" Er öffnet die Flasche und gibt sie der Frau. Die nickt zustimmend, leert sie mit einem kräftigen Schluck zur Hälfte und gibt sie dem Mann zurück. Der steckt zufrieden den Korken in die Flasche. Fragt ihn die Frau mit ondulierter Zunge: „Willst du nicht auch trinken?" Der Mann schüttelt den Kopf und meint: „Nein, ich warte lieber, bis die Polizei hier war ..."

▶▶ Sagt der Mann: „Ich würde gerne meine geschiedene Frau noch mal, also ein zweites Mal, heiraten. Aber sie will nicht, sie meint, ich sei nur hinter meinem Geld her."

▶▶ Ein Arzt untersucht eine Frau und nimmt dann den Ehemann zur Seite: „Ihre Frau sieht gar nicht gut aus." Der Mann: „Ich weiß, aber sie ist eine gute Mutter und Köchin!"

▶▶ Nach einem Streit ...
Sie: „Du kannst einfach keine Entscheidungen treffen."
Er: „Klar doch!"
Sie: „Ja, aber nicht meine."

▶▶ Jemand findet auf einem Flohmarkt einen Spiegel, guckt rein und sagt: „Das Bild hätte ich auch weggeworfen!"

▶▶ Ein Mann steht am Beckenrand eines Freibades und murmelt ständig vor sich hin: „Erstaunlich, erstaunlich, erstaunlich." Fragt ihn ein Gast: „Was ist denn so erstaunlich?" – „Wirklich erstaunlich!

Da hat meine Frau gestern erst den Schwimmkurs erfolgreich beendet, und heute ist sie schon über 30 Minuten unter Wasser!"

Wie nennt man einen Mann im Himmel? Einen Engel.
Wie nennt man mehrere Männer im Himmel? Einen Chor.
Und was ist, wenn alle Männer im Himmel sind?
Friede auf Erden.

Der Personalchef interessiert sich besonders für den Familienstand. „Ich bin Junggeselle", antwortet der Bewerber. „Dann ist leider nichts zu machen", meint der Personalchef, „denn wir stellen nur Leute ein, die es gewohnt sind, sich unterzuordnen."

Das perfekte Ehepaar
Es waren einmal ein perfekter Mann und eine perfekte Frau. Sie lernten sich kennen, und da ihre Beziehung natürlich perfekt war, heirateten sie. Die Hochzeit

war perfekt. Und ihr Leben zusammen war selbstverständlich ebenso perfekt. An einem verschneiten, stürmischen Weihnachtsabend fuhr das perfekte Paar eine kurvenreiche Straße entlang, als sie plötzlich am Straßenrand jemanden bemerkten, der offenbar eine Panne hatte. Da sie das perfekte Paar waren, hielten sie an, um zu helfen. Es war der Weihnachtsmann mit einem riesigen Sack voller Geschenke. Weil sie die vielen Kinder am Weihnachtsabend nicht enttäuschen wollten, lud das perfekte Paar den Weihnachtsmann mitsamt seiner Geschenke in ihr Auto. Und bald waren sie daran, Geschenke zu verteilen. Unglücklicherweise verschlechterten sich die ohnehin schon schwierigen Straßenbedingungen immer mehr, und schließlich hatten sie einen Unfall. Nur einer der drei überlebte. Wer war es?

Antwort: Natürlich die perfekte Frau. Sie war die Einzige, die überhaupt existierte. Jeder weiß, dass es keinen Weihnachtsmann gibt, und erst recht keinen perfekten Mann.

▶▶ „Finden Sie nicht auch, dass meine Frau wunderschön singt?"
„Wie bitte?"
„Finden Sie nicht auch, dass meine Frau ..."
„Entschuldigung! Ich verstehe Sie nicht, die Frau da drüben grölt so laut."

▶▶ Nach einem schweren Unfall erwacht ein Mann aus tiefer Bewusstlosigkeit. „Bin ich im Himmel?", flüstert er. „Nein", sagt seine Frau, die neben ihm am Bett sitzt. „Ich bin noch da."

▶▶ Das Ehepaar fährt auf Safari durch einen Wildpark. Plötzlich ruft der Mann: „Schau, da drüben, Dängeruhs!" Die Frau schaut ihn fragend an. Nach einiger Zeit wieder: „Schau rechts, andere Dängeruhs!" Und wieder ein Stück weiter: „Und da hinten, noch mehr Dängeruhs!" Der Frau wird es peinlich: „Du, sag mal, das waren doch Affen, Elefanten und Antilopen. Wie kommst du auf Dängeruhs?" Darauf der Mann: „Na, an der Einfahrt stand doch ein Schild: ‚Atännschen! All Enimels ar Dängeruhs!'"

▶▶ Die Frau zu ihrem Mann: „Willst du mal einen zerknitterten 20-Euro-Schein sehen?" Der Mann: „Zeig mal!" Sie öffnet die Hand und zeigt ihrem Mann einen zerknitterten 20-Euro-Schein. „Willst du auch mal einen zerknitterten 100-Euro-Schein sehen?" Sie öffnet die andere Hand und zeigt ihrem Mann den zerknitterten 100-Euro-Schein. „Willst du denn auch mal einen zerknitterten 30.000-Euro-Schein sehen?" Der Mann: „Na, da bin ich aber gespannt!" Die Frau: „Dann mach doch mal ganz langsam die Garage auf ..."

▶▶ „Hat dir schon jemand gesagt, dass du gut aussiehst?"
„Nein."
„Dann frag dich doch mal, warum!"

▶▶ Wenn du das nächste Mal auf deine Frau vor der Toilette wartest ... Wenn sie zurückkommt, sagst du laut, sodass es die Umstehenden hören können: „Ich warte jetzt geschlagene zwei Stunden hier. Ging das nicht schneller?"

Aus dem Protokoll eines Feministinnen-Kongresses zum Thema: „Wie erziehe ich meinen Ehemann?"

Wortmeldung Nr. 1:
„Mein Name ist Karin. Ich habe meinem Mann gesagt: Tom, ab sofort kochst du! Am ersten Tag habe ich nichts gesehen, am zweiten Tag habe ich nichts gesehen, aber am dritten Tag stand ein Braten auf dem Tisch!"
Großer Beifall im ganzen Saal.

Wortmeldung Nr. 2:
„Ische binne Graziella. Sage meine Manne: Luigi, appe soforte du putze Klo! Anne erste Tag ische nixe gesehe, zweite Tage nixe gesehe, aba anne dritte Tage, ische gesehe Luigi mitte Putzlappe inne Klo!"
Tosender Beifall, stehende Ovationen für die Frau.

Wortmeldung Nr. 3:
„Isch Fatima. Sagen Achmed, mussen selber die Hemde bugele! Erste Tag isch nix sehe, zweite Tag isch nix sehe, aba dritte Tag isch konnte mit linke Auge wieder a bissele sehe."

Weiterbildungskurse für Männer

Hinweis: Aufgrund der Komplexität und des Schwierigkeitsgrades dieser Kurse ist die Teilnehmerzahl auf acht Teilnehmer pro Kurs beschränkt.

Thema 1:

Wie fülle ich den Eiswürfelbehälter auf? *Schritt für Schritt mit Overhead-Präsentation*

Thema 2:

Die Toilettenpapierrolle: Wächst sie auf dem Halter nach? *Diskussion am runden Tisch*

Thema 3:

Grundlegende Unterschiede zwischen dem Schmutzwäschebehälter und dem Fußboden *Bilder und Erläuterungen*

Thema 4:

Schmutziges Geschirr und Besteck: Können sie wirklich von selbst in die Spülmaschine fliegen? *Beispiele auf Video*

Thema 5:
Identitätsverlust: Hilfe! Ich habe die Fernbedienung an die bessere Hälfte verloren!
Telefonische Seelsorge und Selbsthilfegruppen

Thema 6:
Wie lerne ich, Dinge zu finden, indem ich gleich an der richtigen Stelle suche und nicht das ganze Haus auf den Kopf stelle und dabei rufe: „Schatz, hast du mein ... gesehen?"
Offenes Forum

Thema 7:
Gesundheitscheck: Ist Blumen mitbringen krankheitsfördernd?
Grafiken und Tonaufnahmen

Thema 8:
Wahre Männer fragen nach dem Weg, wenn sie sich verfahren haben
Testimonials aus dem wahren Leben

Thema 9:
Ist es genetisch unmöglich, still zu sitzen, wenn sie parallel einparkt?
Fahrsimulation

Thema 10:
Leben lernen: Die Hauptunterschiede zwischen Mutter und Frau!
Online-Kurs und Rollenspiel

Thema 11:
Wie werde ich zum idealen Einkaufsbegleiter?
Übungen, Meditation und Atemtechniken zur Entspannung

Thema 12:
Schluss mit Vergesslichkeit! Wie Sie sich endlich an Geburtstage, Jahrestage und andere wichtige Termine erinnern (und daran denken anzurufen, wenn Sie sich verspäten)
Cerebrale Schocktherapien und vollständige Lobotomien werden angeboten

Bonus für alle Kurse: Den Überlebenden werden Urkunden ausgestellt

„Du mit deinen dämlichen Knoblauchpillen. Das hätten wir schon
40 Jahre früher haben können!"

Am Himmelstor

Der Gemeindeleiter, der Pastor und eines
der besonders frommen Gemeindemitglie-
der sterben gemeinsam bei einem Autounfall. Natürlich kommen alle drei in den
Himmel, und zur Begrüßung wird ihnen
eine Audienz beim lieben Gott zuteil. So
warten sie vor der großen Tür zum himm-
lischen Thronsaal.

Als Erstes wird der Gemeindeleiter vorge-
lassen. Als er nach einer halben Stunde
wieder herauskommt, schüttelt er bloß
immer wieder den Kopf: „Also, was ich
alles falsch gemacht habe, was ich alles
falsch gemacht habe ..."

Als Nächstes ist der Pastor dran. Eine halbe Stunde vergeht, nichts geschieht. Nach
einer Stunde öffnet sich die Tür, der Pas
tor kommt heraus und schüttelt den Kopf:
„Also, was ich alles falsch gemacht habe,
was ich alles falsch gemacht habe ..."

Schließlich kommt auch der besonders
Fromme dran. Eine halbe Stunde vergeht,
nichts. Eine ganze Stunde vergeht, nichts.
Zwei Stunden vergehen, immer noch

nichts. Die anderen beiden werden schon unruhig. Schließlich, nach drei Stunden, öffnet sich die Tür, und kopfschüttelnd kommt Gott heraus: „Also, was ich alles falsch gemacht habe, was ich alles falsch gemacht habe ..."

▶▶ Eines Tages kommen alle Münzen und Scheine in den Himmel, und Petrus entscheidet, wer hineindarf und wer nicht. Er winkt die Cent- und Eurostücke herein. Auch die Zwei- und Fünfeurostücke dürfen hinein. Sogar die Zehnernoten. Auch ein paar Zwanzigernoten sind dabei. Als schließlich auch die Fünfziger- und Hunderternoten heranströmen, macht Petrus eine abwehrende Geste: „Halt, halt. Ihr wart euer Leben lang nie in der Kirche, ihr kommt hier nicht rein!"

▶▶ Eine Frau stirbt und kommt ans Himmelstor. Petrus öffnet und lässt sie herein. Sie fragt: „Wo ist mein Mann, der vor drei Jahren selig verschieden ist? Er muss doch hier irgendwo sein?" Petrus schaut in sein Buch, blättert eine Weile darin und schüttelt dann bedauernd den

Kopf: „Nein, bei den Seligen kann ich ihn nicht finden."

Die Frau bettelt: „Schauen Sie doch noch mal genau nach! Er war so ein guter Mensch. Er muss hier irgendwo sein!"

„Gut", sagt Petrus. „Ich schau mal bei den Heiligen." Er sucht eine ganze Weile in seinem Buch. „Tut mir leid, ich kann ihn nicht finden", meint er wiederum und kratzt sich am Kopf. „Was machen wir denn da?" Plötzlich kommt ihm ein Gedanke: „Sagen Sie, wie lange waren Sie verheiratet?"

„Über 50 Jahre!"

„Aha." Er sucht nur kurz. „Ich hab ihn gefunden!", freut er sich dann.

„Wo denn?", fragt die Frau erwartungsvoll.

„Bei den Märtyrern!"

Ein Anwalt kommt nach einer erfolgreichen und ehrlichen Karriere an die Himmelspforte. Auch der Papst ist zufällig gerade verstorben, und beide warten gemeinsam auf Einlass. Petrus begrüßt die Neuen freundlich und begleitet sie zu ihren Wohnungen. Zuerst ist der

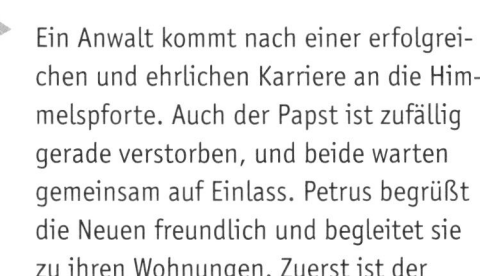

Papst an der Reihe: Ihm wird ein kleiner und schäbiger Raum präsentiert, ähnlich einem drittklassigen Autobahnmotel. Danach wird der Anwalt zu seinem Quartier gebracht: eine palastähnliche Anlage mit Swimmingpool, einem Park, großem Garten und einer Terrasse mit malerischer Sicht auf die Himmelspforte. Der Anwalt ist überrascht und sagt zu Petrus: „Ich finde es sehr eigenartig, wenn ich meine Unterkunft so betrachte, nachdem ich gesehen habe, wie billig selbst der Papst untergebracht worden ist …" Da antwortete Petrus: „Ach, weißt du, wir haben hier oben gut hundert dieser Päpste, und ehrlich gesagt langweilen sie uns langsam ziemlich. Aber einen Anwalt hatten wir noch nie!"

▶▶ Ein eben verlobtes Paar verunglückt tödlich mit dem Auto. Am Himmelstor erzählen die beiden Petrus von ihrem Missgeschick. „Keine Sorge", tröstet der sie, „ihr könnt auch hier im Himmel heiraten. Sucht euch einen Pfarrer, und das Übrige findet sich dann schon."
Nach einem halben Jahr trifft Petrus den jungen Mann wieder und fragt ihn: „Wie

geht´s denn nun so als Ehepaar?" –
„Von wegen Ehepaar", antwortet der
Mann erbost. „Seit damals ziehen wir
Tag für Tag kreuz und quer durch den
Himmel, um uns trauen zu lassen. Aber
glaubst du, wir haben bis heute auch nur
einen Pfarrer gefunden?"

Im Himmel wird der diesjährige Betriebs-
ausflug geplant. Man weiß aber nicht so
recht, wohin man fahren soll. Erste Idee:
Bethlehem. Maria ist dagegen.
Mit Bethlehem hat sie schlechte Erfahrungen gemacht. Kein Hotelzimmer und
so. Nein, kommt nicht infrage. Nächster
Vorschlag: Jerusalem. Das lehnt Jesus
aber ab. Ganz schlechte Erfahrungen mit
Jerusalem! Nächster Vorschlag: Rom. Die
allgemeine Zustimmung hält sich in Gren-
zen, nur der Heilige Geist ist Feuer und
Flamme: „Oh toll, Rom! Da war ich noch
nie!"

Ein Ehepaar im gesegneten Alter – der
Mann ist 104, die Frau 103 Jahre alt –
kommt in den Himmel. Beide sind beein-
druckt von all dem Luxus: Die Wasserhähne
sind vergoldet, das Essen frisch zubereitet,

alle Zimmer haben Meeblick … Plötzlich wird der Mann ärgerlich und mault seine Frau an: „Du mit deinen dämlichen Knoblauchpillen. Das hätten wir alles schon 40 Jahre früher haben können."

▶▶ Eine mittelalte Frau hat einen Herzanfall und wird ins Spital gebracht. Während der Operation hat sie einen Traum, in dem sie Gott begegnet. Sie fragt ihn: „Ist mein Leben aus?" Gott sagt: „Nein, du hast noch 43 Jahre, 2 Monate und 8 Tage zu leben." Nach der erfolgreichen Herzoperation entscheidet sie sich, noch im Spital zu bleiben. Da sie ja noch so lange zu leben hat, lässt sie sich die Falten aus dem Gesicht entfernen, das Fett am Bauch absaugen, die Lippen aufspritzen und etliches mehr. Endlich kann sie das Spital verlassen. Als sie die Straße überqueren will, wird sie von einem Auto totgefahren. Enttäuscht steht sie vor Gott und fragt: „Ich dachte, ich hätte noch über 40 Jahre zu leben? Warum hast du mich nicht gerettet?" Antwortet Gott: „Sorry, ich hab dich nicht erkannt!"

Familie ist keine Zweigniederlassung der Wirtschaft

Familienbande

▶▶ Ein kleiner Junge bekommt im Metzgerladen von der Verkäuferin ein Stück Wurst zum Probieren. Daraufhin die Mutter: „Wie heißt das?" Der Junge: „Wurst!"

▶▶ Eine Mutter sitzt mit ihrem Sohn in einem Restaurant. „Guck mal, Mami. Der Mann da drüben isst seine Suppe mit der Gabel." – „Sei still, mein Kleiner." – „Mami, nun schau. Jetzt trinkt er aus der Blumenvase." – „Nun sei aber still!" Einige Minuten später: „Mami, nun isst er auch noch seinen Bierdeckel!" Sagt die Mutter genervt: „Jetzt ist aber gut. Bring dem Mann seine Brille wieder!"

▶▶ Der kleine Mario kommt ins Fundbüro und fragt: „Ist hier ein Fahrrad abgegeben worden?" „Aber ja, welche Farbe hat denn dein Rad?"
„Am liebsten wäre mir blau!"

▶▶ Ein Mann hat im Park sichtliche Schwierigkeiten mit seinen beiden Kindern. Irgendwann meckert er sie heftig an: „Jetzt reicht's, ihr geht mir so was von auf die Nerven!" Ein anderer Mann bekommt das mit und sagt: „Ich wünschte, ich hätte zwei Kinder!" – „Oh, Sie hätten gerne welche, aber bekommen keine?" – „Nein, ich habe fünf!"

▶▶ Eine Sonntagsschullehrerin behandelt mit ihren Kindern die 10 Gebote. Nachdem sie das 4. Gebot, „Ehre Vater und Mutter" erklärt hat, fragt sie die Kinder: „Und wie ist das mit den Brüdern und Schwestern? Gibt es ein Gebot, das uns lehrt, wie wir unsere Geschwister behandeln sollen?" Wie aus der Pistole geschossen ruft ein Junge: „Du sollst nicht töten."

▶▶ „Haben Sie denn gestern Abend gar nicht gehört, dass wir dauernd an Ihre Wand geklopft haben?" – „Ich bitte Sie, das macht doch nichts. Wir haben eh gefeiert!"

▶▶ Eine ältere Frau fragt einen jungen Mann an einer stark befahrenen Straße in Berlin: „Können Sie mir helfen und mich über die Straße bringen?"
„Gerne, warten Sie einen Augenblick, bis die Ampel Grün hat!"
„Bei Grün ‚kann ich auch selber gehen."

▶▶ Wer ist glücklicher? Ein Mann, der eine Million Euro auf dem Konto hat, oder ein Mann, der 12 Kinder hat? Lösung: Der, der 12 Kinder hat. Der will nicht mehr!

▶▶ Opa (86) ruft den Ohrenarzt an, um einen Termin für Oma abzusprechen. Er meint, sie werde langsam schwerhörig. Ein Termin ist erst in zwei Wochen frei, aber der Arzt rät ihm: „Sie können ja schon mal einen Test machen. Sagen Sie etwas hinter ihrem Rücken, erst mit sechs Meter Abstand, dann mit vier und immer dichter." Oma steht am Herd, Opa sitzt in der Ecke: „Was gibt es denn heute zu essen?" Keine Reaktion. Er steht auf und geht ein paar Schritte: „Was gibt es denn heute zu essen?" Keine Reaktion.

In der Küchentür: dasselbe. Direkt hinter ihrem Rücken: „Was gibt es denn heute zu essen?" Oma: „Wiener Schnitzel! Jetzt sage ich es schon zum vierten Mal!"

▶▶ Der Vater zu seinen Kindern: „Kinder, es wird endlich Zeit, dass ich mal was mit euch unternehme. Stellt doch mal die Sportnachrichten an."

▶▶ **Mein eigener Großvater**

Als ich die Mitte der Dreißig erreicht hatte, heiratete ich eine Witwe, die etwas älter war als ich und die bereits eine erwachsene Tochter hatte. Mein Vater, seit einigen Jahren Witwer, verliebte sich in meine Stieftochter und heiratete sie wenig später. Ich war etwas verblüfft, als ich mir klar darüber wurde, dass mein Vater nun mein Schwiegersohn geworden war und meine Stieftochter jetzt auch meine Mutter war, denn sie war ja die Frau meines Vaters. Einige Zeit später bekam meine Frau einen Sohn, der gleichzeitig Schwager meines Vaters wurde, denn er war ja der Bruder seiner Frau. Ich erschrak bei dem Gedanken, dass er nicht nur mein Sohn, sondern auch mein Onkel war, denn er war ja der Bruder meiner Schwiegermutter, also der Frau meines Vaters, die die Tochter meiner Frau war. Bald darauf bekam meine Schwiegermutter, also die Frau meines Vaters, die übrigens nicht nur meine Stiefmutter war, sondern zugleich auch meine Stieftochter, ebenfalls einen Sohn, der dadurch zu meinem Bruder wurde, er war nämlich der Sohn meines Vaters, gleichzeitig aber auch mein Enkelkind, denn er war ja der Sohn der Tochter meiner Frau. Meine Frau wurde dadurch meine Großmutter, denn sie war ja meines Bruders Großmutter. Ich bin also nicht nur der Mann meiner Frau, sondern auch ihr Enkel, denn ich bin ja der Bruder des Sohnes ihrer Tochter. Da aber bekanntlich der Mann der Großmutter Großvater heißt, tja ... bin ich nun also mein eigener Großvater!

Man kann's ja mal versuchen ...

Die verrücktesten Bettel-E-Mails (vom Autor persönlich erhalten)

Betr.: Elfenbeinküste

Mein liebes Leut, Es ist mein Vergnügen, mit Ihnen für ein Unternehmen in Verbindung zu treten, das Ich und mein Schwester, Janet beabsichtigen, in Ihrem Land herzustellen. obwohl ich Sie nicht getroffen habe. Ich habe Menge von Eigtht Million US Dollars ($8,000,000.00) welch mein spät Vater halten für uns mit ein Sicherheitsfirma hier in Abidjan Cote d ' Ivoire bevor er getötet würde durch unbekannt Person. Jetzt Ich und mein Schwester entscheiden zu investieren dies Geld in Ihr Land oder überall sicher genug Außenseite Afrika für Sicherheit und politisch Gruenden. Wir wünschen Ihnen uns zu helfen, behaupten und zurückholen dieses Geld von der Sicherheitsfirma und bringen es in Ihr persönlich Konto in Ihr Land für Investitionszweck auf dies Bereich:

1) Haeuser kaufen

2) Die Transportindustrie

3) Anteil und Ableitungen
Wenn Sie von einer Unterstützung zu
uns sein können, freuen uns wir, das
Ihnen anzubieten, finanzieren 20% vom
Gesamt. Ich erwarte Ihre bald Antwort
durch Email für mehr Informationen.

Respektvoll
Odili Lambert

Betr.: Martyriengrüße
Guten Tag ,
Bitte nehmen Sie meine aufrichtigen
Entschuldigungen an, wenn meine E-
mail Ihre persönliche Ethik nicht trifft.
Ich habe Ihre Name und E-mail adresse
von der deutschen Botschaft Verzeichnis
fuer deutschen Buerger hier in Niederlanden bekommen. Für ich weiß, dass
dies wie ein vollständiges Eindringen zu
Ihrer Ruhe scheinen kann, aber zurzeit
,dies ist meine Option fuer Kommunikation zu Ihnen. Dies könnte fremd oder
wahrscheinlich unwahr scheinen, wegen
der Hoehe von Ausschuss E-mail, die
wir täglich empfangen, aber ich glaube,
dass dies noch der echteste Weg ist,
einen wahren Charakter zu kontaktie-

ren. Ich heisse Frau Christiana Sethia
{eine holländische Frau}, eine Witwe
zu Spätem Herrn Thorsten Böhm {Ein
ehemaliger deutscher Botschafter zu
Niederlanden}. Ich bin 74 years alt und
leide an lange Zeit Krebs von der Brust.
Von allen Anzeigen verschlechtert sich
meine Bedingung wirklich und es ist
ziemlich offensichtlich, dass ich mehr
als zwei Monate {gemäß medizinischen
Berichten von meinem Arzt} nicht leben
werde. Dies ist, weil die Krebsphase zu
einer sehr schlechten Phase erreichen
hat. Mein Ehemann ist in einem schreck-
lichen Luftsturz auf seinem Weg zu
Monchengladbach auf einer offiziellen
Zuweisung gestorben, und während der
Zeit unserer Ehe könnten wir kein Kind
haben. Klicken Sie die unten Webseite,
um zu bestaetigen. Mein später Ehemann war sehr wohlhabend und reich
und nach seinem Tod, ich habe alle sein
Geschäft und Reichtum geerbt. Der Arzt
hat mir geraten, dass ich für mehr als
zwei Monate nicht leben kann, so habe
ich mich jetzt entschieden, Teil von diesem Reichtum zu teilen, zur Entwicklung
von dem wenigen privilegierten Leute in
Deutschland und Europa beizutragen, da

dies die Wunsch von meinem Ehemann
Herrn Thorsten Böhm bevor seinem
Tod ist. Ich bin bereit, die Summe von
£15,800,000 (Fifteen Millionen, Acht
hundert britische Pfund) zu Ihnen für
das weniger privilegierte zu spenden.
Bitte ich will Sie zu merken, dass dieser
Fonds in der Barclays Bank in England
{wo ich es eingezahlt habe} liegt, und
auf meiner Anweisung, werden Sie in
einer Anwendung für die Überweisung
vom Geld in Ihrem Namen ablegen. Ich
bete ehrlich, dass dieses Geld, wenn es
zu Ihnen überweist ist, sollen Sie versi-
chern, dass es für den gesagten Zweck
benutzt werden muss. Weil ich darauf
gekommen bin, dass jene Reichtumer-
werbung ohne Christus zu erfahren, ist
Eitelkeit auf Eitelkeit. Für Ihre Hilfe {als
ein Deutsch} habe ich 30 % von diesem
gesamten Geld {£15,800,000} für Sie
gelegt, auf Grund Ihrer persönlichen
Bemühung, die Sie für Ihren persönlichen Gebrauch sofort das Geld auf Sie
überweist ist, abziehen werden. Auf
Grund meiner unglücklichen Gesund-
heitsbedingung habe ich die ganzen
Einzahlungsdokumente zu dem depo-
niertem Geld zu meinem persönlichen

Rechtsanwalt übergeben. So ich dränge Sie, ihn sofort zu kontaktieren, damit er weiter zu Ihnen erklären kann, wie Sie eine Anwendung für die Überweisung vom Fonds in Ihrem Namen ablegen werden.

Unten sind die Kontaktdaten von meinem Rechtsanwalt:

NAME: RECHTSANWALT GARY JONES

E-mail: xxxxxxxxxxxxxxx (habe ich gelöscht, nicht dass einer von euch ..., A.B.) den er Ihre dringende Erwiderung erwartet. Zuletzt, ich bete und hoffe, dass wenn das Geld schließlich auf Sie überweisen ist, werden Sie es umsichtig gemäß meinem Willen benutzen {der 70 % vom Geld zum wenigen privilegierten in Deutschland und Europa spenden soll}.

Ihres in Christus.
Frau Christiana Sethia

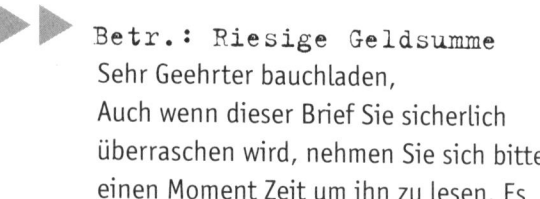

Betr.: Riesige Geldsumme

Sehr Geehrter bauchladen,

Auch wenn dieser Brief Sie sicherlich überraschen wird, nehmen Sie sich bitte einen Moment Zeit um ihn zu lesen. Es ist sehr wichtig. Ich bin Steve Morgen und ich arbeite bei einer Finanzhaus in den Niederlanden. Ich habe Ihre Adresse durch den International Web Directory Online gefunden. Während unseres letzten Treffens und Überprüfung der Bankkontos hat meine Abteilung ein untätiges Konto mit einer riesigen Geldsumme, US$ 6,500,000.00 (Sechs Million fünfhundert tausend US Dollar) gefunden, das einem unseren gestorbenen Kunden gehört: Herr Williams aus England. Er ist gestorben und hat keine Begünstigten hinterlassen. So dass die Fonds auf seinem Konto untätig geblieben sind, ohne jeden Anspruch oder Aktivität für einige Zeit schon. Wegen unseren Finanzhaus vorschriften kann nur ein Ausländer als nächster Verwandten stehen und deshalb habe ich mich entschlossen Sie zu kontaktieren, um mit Ihnen zusammen zu arbeiten um diese untätigen Fonds zu reaktivieren. Und so jede negative Entwicklung oder sogar den endgültigen Verlust der Fonds abzuwenden. In Namen meiner Kollegen suchen ich Ihre Erlaubnis als nächster Verwandte unseres verstorbenen Kunden zu stehen, so dass die Fonds freigestellt

und auf ihr Konto überwiesen werden können. Sie würden zum nächsten Verwandten des Begünstigten werden und die Fonds werden in Ihre Verantwortung freigestellt werden. Wir dürfen mit ausländischen Kontos nicht arbeiten, das könnte in der Zeit der Überweisung auffallen. Ich arbeite noch bei dieser Finanzhaus, das ist der eigentliche Grund, dass ich eine zweite Partei oder Person benötige, um mit mir zu arbeiten und Anforderungen als nächster Verwandte zu schicken und auch um ein Bankkonto bereit zu stellen, oder eines bei einer neuen Bank zu eröffnen, um die untätige Fonds zu erhalten.

Am Ende der Transaktion werden Ihnen 40 % Prozent zustehen, zur Seite gelegt und 60 % werden für meine Kollegen und mich sein. Was ich von Ihnen verlange ist als nächster Verwandte des Verstorbenen zu stehen. Ich besitze alle notwendigen Dokumente um die Transaktion erfolgreich zu verwirklichen. Weitere Informationen werden Sie so bald ich Ihre positive Antwort bekomme erhalten. Ich schlage Ihnen vor so bald wie möglich mir zu antworten. Wir haben nicht viel Zeit diese unglückliche

Situation zu ändern und ich befürch-
te, dass ohne Ihre Hilfe alles verloren
gehen wird. Wegen der Vertraulichkeit
bitte ich Sie mir auf meine privaten-
Email Adresse mit folgenden Angaben zu
antworten: Vollständiger Name, Adresse, Telefon- und Faxnummer.
In Erwartung Ihrer Antwort, verbleibe
ich mit freundlichen Gruessen,

Steve Morgan.

Unglaubliches von der Kanzel

Predigt

 „Ich bin völlig erschöpft", sagt der evangelische Pfarrer zu seiner Frau. „Wieso?" – „Der Dekan hat heute eine zweistündige Rede gehalten." – „Und worüber?" – „Das hat er nicht gesagt."

Ein Pfarrer hält seine letzte Predigt. Eine ältere Frau kommt anschließend zu ihm: „Das ist aber schade, dass Sie uns verlassen. Einen Pastor wie Sie bekommen wir nie wieder!" Der Pfarrer gerührt: „Sicher wird mein Nachfolger besser sein als ich!" Die Frau – von dieser Argumentation nicht überzeugt – meint kopfschüttelnd: „Herr Pfarrer, das glaube ich Ihnen nicht! Ihr Vorgänger hatte das auch gesagt ... und es hat schon damals nicht gestimmt!"

Ein schwäbischer Schäfer sitzt mit seinem Hund in der Kirche und hört die Predigt. Da tönt der Pfarrer von der

Kanzel: „Ein guter Hirte bleibt immer
bei seinen Schafen!" Sagt der Schäfer
zum Hund: „Komm, Hasso, der stänkert
schon wieder."

Zwei Hochseilartisten heiraten. Der
Pfarrer predigt: „Möge der Herrgott
immer seine schützende Hand über euch
halten." – „Unter uns, Herr Pfarrer,
unter uns!"

Der Kaplan fragt seinen Pfarrer: „Was
sagten Sie gestern in Ihrer großartigen
Sonntagspredigt über die Dreifaltigkeit?"
Der Pfarrer: „Nichts." – „Das ist mir
schon klar. Ich wollte nur wissen, wie Sie
es formuliert hatten …"

Der Pfarrer hält die schönste Predigt
Der Pfarrer hält die schönste Predigt,
gar manche schlafen dennoch ein.
Da kommt auf einmal in die Kirche
des Pfarrers Katze auch hinein.
Sie ging ganz langsam zu der Kanzel
und vorne setzte sie sich hin.
Sie schaut hinauf zu ihrem Pfarrer

und aufmerksam hört sie auf ihn.
Da blicken alle auf die Katze
und auch die Schläfer weckt man auf,
damit sie sehen, wie die Katze
zu ihrem Pfarrer schaut hinauf.
„Ihr wundert euch", sprach da der Pfarrer,
„dass unsre Katze kommt hierher,
und dass sie aufpasst auf die Predigt,
das wundert euch vielleicht noch mehr.
Sie kam herein, ich will´s euch sagen,
und suchte sich auch einen Platz,
weil sie gehört hat, dass ihr Pfarrer
hier meistens predigt für die Katz."

Herzliche Grüße
aus backsidemonkeycastle

Total global

▶▶ Ein Mann kommt in ein Indianerdorf und
bittet den alten Medizinmann, ihn von
seiner Schlaflosigkeit zu befreien. Der
schaut ihn einige Zeit an, dann meint er
schmunzelnd: „Das geht ganz einfach,
du musst nur vorm Schlafengehen eine
bestimmte Aufgabe lösen. Hast du es
geschafft, wirst du von deiner Schlaflosigkeit geheilt sein."
„Und wie lautet diese Aufgabe?", will
der Besucher wissen.
„Wie oft musst du 2 mit sich selbst
malnehmen, bis du bei 222.220 gelandet bist? Das ist alles." Als der Besucher
lange Zeit später wiederkommt, erzählt
er dem alten Medizinmann traurig:
„Leider habe ich deine Aufgabe noch
nicht lösen können. Immer wenn ich
es versucht habe, bin ich sofort einge-
schlafen."

▶▶ Ein Amerikaner macht eine Stadt-
rundfahrt durch Paris und lässt sich

die Sehenswürdigkeiten zeigen. Am Triumphbogen erklärt der französische Taxifahrer, dass dies ein Bauwerk von Weltruhm sei, über 20.000 Tonnen schwer. Der Amerikaner fragt, wie lange man für den Bau gebraucht habe. Als er erfährt, dass es 15 Jahre waren, lacht er und sagt: „In Amerika braucht man dafür 15 Tage." Der Franzose ist leicht säuerlich. Am Louvre das gleiche Spiel: Als der Fahrer ihm von der 20-jährigen Bauzeit erzählt, behauptet der Amerikaner, in Amerika sei so etwas nach 20 Tagen fertig. Endlich kommen sie zum Eiffelturm. Der Amerikaner fragt: „Oh boy, what is that?"

Der Franzose antwortet: „Keine Ahnung, stand gestern noch nicht da!"

▶▶ Ein Europäer reist durch die USA und kommt in eine Kleinstadtkneipe. Er bestellt einen Drink, zündet sich eine Zigarre an, nimmt immer mal wieder einen Zug und bläst gemütlich ein paar Ringe in die Luft. Da kommt plötzlich ein Indianer wütend auf ihn zu und sagt: „Noch so eine Bemerkung, und ich stopf dir dein großes Maul ..."

Wenn sich in einem Rotweinglas eine Fliege befindet – wie reagieren ein Franzose, ein Deutscher und ein Schotte? Ganz einfach: Der Franzose schüttet alles weg. Der Deutsche holt die Fliege heraus und trinkt den Rotwein. Der Schotte nimmt die Fliege zwischen die Finger und sagt: „Los, spuck aus!"

Ein Reisender zum Portier: „Hätten Sie wohl ein Zimmer frei?"
Portier: „Leider nein."
Reisender: „Hätten Sie ein Zimmer frei, wenn die Bundeskanzlerin käme?"
Portier: „Aber klar, jederzeit!"
Reisender: „Dann geben Sie mir bitte ihr Zimmer. Sie kommt heute nicht!"

Ein (angeblich) tatsächlicher Fall aus den USA
In Charlotte kaufte ein Rechtsanwalt eine Kiste extrem teure Zigarren und versicherte diese dann gegen Feuerschaden. Nachdem er sie aufgeraucht hatte, forderte er die Versicherung auf, den Schaden zu ersetzen. In seinem Anspruchsschreiben führte er auf, dass die

Zigarren durch eine Serie kleiner Feuerschäden vernichtet worden seien. Die Versicherung weigerte sich zu bezahlen – mit der einleuchtenden Argumentation, dass er die Zigarren bestimmungsgemäß ver(b)raucht habe. Der Rechtsanwalt klagte ... und gewann!

Das Gericht stimmte zwar mit der Versicherung darin überein, dass der Anspruch unverschämt sei, doch ergab sich aus der Versicherungspolice, dass die Zigarren gegen jede Art von Feuer versichert seien und Haftungsausschlüsse nicht bestünden. Folglich müsse die Versicherung bezahlen. Statt ein langes und teueres Berufungsverfahren anzustrengen, akzeptierte diese das Urteil und bezahlte 15.000 US-Dollar an den Rechtsanwalt.

Nachdem der Anwalt den Scheck der Versicherung eingelöst hatte, wurde er auf deren Antrag in 24 Fällen von Brandstiftung verhaftet. Unter Hinweis auf seine zivilrechtliche Klage und seine Angaben vor Gericht wurde er wegen vorsätzlicher Inbrandsetzung seines versicherten Eigentums zu 24 Monaten Freiheitsstrafe (ohne Bewährung) und 24.000 US-Dollar Geldstrafe verurteilt.

▶▶ Ein Missionar kommt zu einem Eingeborenenstamm in den Urwald. Er wird herzlich begrüßt. Vor der Weiterreise fragt er: „Kann ich mein Gepäck in diesem Zelt stehen lassen und bei der Rückreise wieder mitnehmen?" – „Aber klar", antwortet der Häuptling, „hier gibt es im Umkreis von 200 km keinen einzigen Weißen ..."

▶▶ Ein Trabi-Fahrer hält an der Tankstelle und sagt zum Besitzer: „Ich hätte gerne zwei neue Scheibenwischer für meinen Trabbi." Der Tankwart überlegt einen Augenblick und sagt dann: „Okay, fairer Tausch."

▶▶ Nach dem Turmbau zu Babel verteilt Gott die verschiedenen Sprachen und Dialekte an die Völker. Als die Schwaben zu ihm kommen, ist kein Dialekt mehr übrig – Gott sucht überall, aber vergeblich. Die Schwaben sind ganz enttäuscht und fragen missmutig: „Ja, und jetzt?!" Da sagt Gott: „Dann schwätzet halt so wie i!"

▶▶ Ein Mann geht im Central Park in New York spazieren. Plötzlich erblickt er ein Mädchen, das von einem Kampfhund angegriffen wird. Beherzt greift er ein und kann nach hartem Kampf den Hund töten und so das Mädchen retten. Ein Polizist hat die Situation beobachtet. Er klopft dem Retter auf die Schulter und sagt: „Sie sind ein Held! Morgen wird in der Zeitung stehen: Mutiger New Yorker rettet Mädchen das Leben!" Der Mann schüttelt den Kopf und antwortet: „Ich bin kein New Yorker!" – „Oh", erwidert der Polizist, „dann steht morgen in der Zeitung: Mutiger Amerikaner rettet Mädchen das Leben!" Wieder schüttelt der Mann den Kopf: „Ich bin kein Amerikaner!" Verblüfft schaut der Polizist den Mann an und fragt: „Was sind Sie dann?!" – „Ich bin Pakistani." Schlagzeile des nächsten Tages: „Islamischer Extremist tötet amerikanischen Hund. Verbindungen zu Terrornetzwerk nicht unwahrscheinlich."

▶▶ Eine Gruppe Wanderer irrt mit ihrem Bergführer durch den dichten Bergwald der Rockys, der die Orientierung offensichtlich längst verloren hat. Schließlich murrt die Gruppe immer stärker, und der Bergführer gibt zu, dass er sich verirrt hat. Fragt einer aus der Gruppe: „Wie konnte Ihnen das passieren, Sie sind doch angeblich der beste Bergführer der USA?" – „Ja", sagt der, „aber wir sind inzwischen in Kanada!"

Ein Urlauber zu einem bayrischen Bergführer: „Schöne Berge habt ihr hier."
Darauf der Bergführer: „Des wiss ma eh."
Der Urlauber: „Schöne Seen habt ihr auch hier."
Der Bergführer: „Des wiss ma ah."
Der Urlauber: „Nur die Menschen hier sind etwas komisch."
Der Bergführer: „Des mocht nix, de forn eh nach zwa Wochen wieder hoam."

Die ganze Welt fragt sich, was Ötzi für ein Landsmann war. Dabei ist es doch eigentlich logisch:
Ein Italiener kann es nicht gewesen sein, weil sie Werkzeug bei ihm gefunden haben.

Ein Österreicher kann es nicht gewesen sein, weil sie Hirnmasse gefunden haben.
Also muss es ein Deutscher gewesen sein, denn welcher Simpel geht sonst im Winter mit Sandalen auf den Gletscher?

▶▶ Sie kommt aufgeregt ins Zimmer: „Du, Dieter, da draußen an der Tür steht ein Mann, der sagt nur tatütata." Er geht nachschauen und kommt lachend zurück. „Das war mein Arbeitskollege aus Sachsen, und der hat dich nur gefragt: ‚Is do Dita da?'"

▶▶ **Englisch für Anfänger**
Horsedroveworks – Pferdefuhrwerk
loose – los
earlypiece – Frühstück
gostop – Gehalt
beforehangingcastle – Vorhängeschloss
economy – Wirtschaft, Kneipe
too – zu, geschlossen
againsee – Wiedersehen
draught – ziehen, Zug
backsidemonkeycastle – Aschaffenburg

Kleiner Fremdsprachenkurs für Begabte
(bitte auf die richtige Betonung achten!)

Ahallabadohnedach – Freibad (arab.)

Bibel – Nagetier (chin.)

Bravda – Gehorsamsbefehl an Hunde (russ.)

Espresso – Arbeitsbereich der Mafia (ital.)

Fidel Castro – Geigenkasten (kubanisch)

Garibaldi – Schnellkochtopf (ital.)

Gebet – Aufforderung zum Schlafengehen (sächs.)

Mannwadamahaada – Glatze (arab.)

Helsinki – die Sonne ist weg (fin.)

Istanbul – steht da ein Polizist? (türk.)

Knochenmark – Währung für Hundesteuer (dt.)

Leberknödel – krankhaftes Organ (dt).

machmahall – Tontechniker (arab.)

Mubarak – Kuhstall (arab.)

Nottingham – kein Schinken mehr vorhanden
(engl.)

Patronat – Munitionsmagazin (dt.)

Pomade – Darmschmarotzer (deut.)

Scharlach – Bitte des Komikers an das Publikum

Schnitzel – Holzarbeiter (chin.)

Spektakel – dicker Hund

Taktik – defekter Wecker

Transistor – langsame Nonne (engl.)

Vollzugsanstalt – Heim mit undichten Fenstern

Washington – musizieren bei Körperpflege

„Wenn mein Chef so tut, als würde er mich richtig bezahlen, dann tue ich so, als würde ich richtig arbeiten!"

Im Büro

▶▶ Der Chef erzählt einen Witz, und alle Angestellten biegen sich vor Lachen – nur seine Sekretärin nicht. „Sagen Sie mal, haben Sie keinen Sinn für Humor?", fragt ein Kollege neben ihr. „Doch, schon, aber ich habe bereits gekündigt!"

▶▶ Ein Mann kommt in ein Zoogeschäft und möchte einen Papagei kaufen. Er schaut den ersten an: tolle Farben! Er fragt den Verkäufer, was der denn so könne. Meint dieser: „Der kann sprechen, lesen und schreiben. Kostet 5.000 Euro." Der Mann schaut den zweiten Papagei an, der eher schlicht daherkommt. Sagt der Verkäufer: „Der kann auch noch rechnen! Kostet 8.000 Euro." Der Mann schaut den dritten an, nur grau in grau. Wieder fragt er den Verkäufer nach den Fähigkeiten. Der antwortet: „Tja, der kostet

12.000 Euro. Keine Ahnung, was der kann, aber die beiden anderen sagen Chef zu ihm!"

▶▶ Wenn mein Chef so tut, als würde er mich richtig bezahlen, dann tue ich so, als würde ich richtig arbeiten.

▶▶ Ein Hund kam in eine Metzgerei und stahl einen Braten. Glücklicherweise erkannte der Metzger den Hund als den eines Nachbarn, der Anwalt ist. Der Metzger rief ihn an und fragte: „Wenn dein Hund einen Braten aus meiner Metzgerei stiehlt, bist du dann für die Kosten verantwortlich?" Der Anwalt erwiderte: „Natürlich. Wie viel kostet das Fleisch?"
„Zehn Euro." Ein paar Tage später erhielt der Metzger einen Scheck über 10 Euro mit der Post. Angeheftet war eine Rechnung mit folgendem Text: „Rechtsauskunft: 120 Euro".

▶▶ Der junge Assistenzarzt stößt auf dem Flur der Klinik mit dem Chefarzt zusam-

men: „Oh mein Gott, bitte entschuldigen Sie vielmals", stammelt der junge Arzt. „Macht nichts", erwidert der Chefarzt, „aber Professor genügt als Anrede."

▶▶ „Spielt der Chef nicht mehr Golf?"
„Nein, der Arzt hat ihm geraten, damit aufzuhören."
„Warum? War Golf etwa zu anstrengend für ihn?"
„Nein, aber er hat ihm beim Spielen zugeschaut!"

▶▶ Der Chef zu einem seiner Angestellten: „Heute will ich mir mal etwas Gutes tun und Geschäft und Vergnügen miteinander verbinden. Herr Lohmann, Sie sind entlassen!"

▶▶ Drei Kids unterhalten sich: „Mein Onkel ist Bankdirektor. Wenn er nur eine Stunde im Sessel gedöst hat, hat er schon 100 Euro verdient." Louis sagt: „Na und? Mein Onkel ist Rechtsanwalt, wenn er eine Stunde mit Leuten gesprochen hat, hat er 200 Euro verdient." – „Das ist gar nichts", sagt Alex. „Mein Onkel ist Pfarrer, er spricht nur einmal die Woche eine Viertelstunde zu den Leuten, und dann braucht er vier Helfer, um das Geld einzusammeln!"

▶▶ Was sind die zehn härtesten Jahre im Leben eines Ingenieurs?
Die Zeit zwischen Diplom und Vorruhestand!

▶▶ Kommt ein Mann in den Friseursalon. Fragt die Friseurin: „Waren Sie schon einmal bei uns?" Mann: „Nein, die Narben sind von einem Verkehrsunfall."

▶▶ Ein Mann sucht vergeblich eine Wäscherei. Plötzlich sieht er ein Schild mit der Aufschrift „Wäscherei", geht hinein und stellt seinen Korb auf den Tresen. Die Bedienung fragt ihn, was das solle.
„Ich will meine Wäsche waschen lassen."
„Da sind Sie hier aber total falsch."
„Wie das denn? Draußen hängt doch ein Schild ‚Wäscherei'!"
„Ja, mein Herr, aber wir haben hier einen Schilderladen ..."

Anschlag am Schwarzen Brett

In unserem Unternehmen konnten nun
einige Terroristen identifiziert und
gefasst werden. Es handelt sich dabei
um die harmlosen Mitläufer Bin Da, Bin
Spät, Bin Müde, Bin Kaffee trinken, Bin
Rauchen und Bin Essen. Die Mitarbeiter
Bin Pinkeln und Bin Im Lager konnten
ebenfalls ermittelt werden. Sie werden
als harmlos eingestuft und sind unter
Quarantäne gestellt worden. Auch die
äußerst gefährliche Terroristin Bin
Schwanger konnte dingfest gemacht
werden. Nur der Topterrorist Bin Arbeiten konnte bis jetzt, trotz intensiver
Suche in unserer Firma, nicht gefunden
werden. Achtung: Bin Arbeiten verbrei-
tet äußerst gefahrbringendes Gedanken-
gut! Er versucht sogar, die Terroristen-
gruppe Bin Faul zu unterwandern und
zur Umkehr von ihren fundamentalis-
tischen Glaubensinhalten zu bewegen.
Gehen Sie ihm aus dem Weg und meiden
Sie jeden Kontakt!

Drei Anwärter bewerben sich um einen
Job. Der Chef fragt den ersten: „Fällt
Ihnen bei mir etwas auf?" – „Ja, Sie

haben keine Ohren!" – „Hätten Sie das nicht etwas freundlicher sagen können? Ich kann Sie nicht nehmen, so unverschämt, wie Sie sind!" Beim nächsten das Gleiche. Der Dritte antwortet: „Sie haben Kontaktlinsen!" – „Wie haben Sie das denn rausbekommen, das stimmt!?" – „Wenn Sie Ohren hätten, würden Sie eine Brille tragen!"

Kommt ein Mann in den Baumarkt und will eine Leiter kaufen. Die Verkäufer denken sich: Einfach so können wir dem doch keine Leiter verkaufen, wir müssen oben ein Stoppschild anbringen, sonst passiert etwas. Am nächsten Tag sehen die beiden den Mann wieder: Kopf verbunden, Arme gebrochen. „Was ist denn mit Ihnen passiert?" – „Ja", sagt der Mann, „das war so: Ich klettere die Leiter rauf und komme oben an ein Stoppschild. Ich sehe nach links, dann nach rechts, es kam nichts, tja, und dann ..."

Angelika zu ihrem Kollegen:
„Ich habe jetzt im Lotto sechs Millionen gewonnen!"

„Und was machst du mit dem Geld?"
„Ich werde erst mal meine Schuldner
bezahlen."
„Und der Rest?"
„Die müssen warten."

▶▶ Als Papst Johannes XXIII., der als sehr
schlagfertig galt, von einem Reporter
gefragt wurde, wie viele Menschen denn
in etwa im Vatikan arbeiteten, antwortete er: „Ungefähr die Hälfte ...!"

▶▶ Sagt der Gefängnispfarrer bei der Ent-
lassung seines langjährigen Schützlings:
„Ich würde Ihnen ja draußen gerne helfen!" – „Sie stellen sich das zu einfach
vor, Hochwürden. Taschendiebstahl will
gelernt sein!"

▶▶ **Aus der Bedienungsanleitung**
1. Auf einem Fön von Sears: „Nicht während des Schlafes benutzen!"
2. Auf einem Stück Seife der Firma
   Dial: „Anleitung: Wie normale Seife
   benutzen!"

3. Auf Tiefkühlkost von Swansons: „Serviervorschlag: Auftauen".

4. Auf Tiramisu von Tesco's auf die Unterseite aufgedruckt: „Nicht umdrehen!"

5. Auf einem Pudding von Marks & Spencer: „Das Produkt ist nach dem Kochen heiß."

6. Auf der Verpackung eines Rowenta-Bügeleisens: „Die Kleidung nicht während des Tragens bügeln!"

7. Auf Boot's Hustenmedizin für Kinder: „Nach der Einnahme dieser Medizin nicht Autofahren oder Maschinen bedienen!"

8. Auf Schlafmittel von Nytol: „Achtung: Kann Müdigkeit verursachen!"

9. Auf einer japanischen Küchenmaschine: „Nicht für die anderen Benutzungen zu benutzen."

10. Auf Nüssen von Sainsbury's: „Achtung: Enthält Nüsse!"

11. Auf einer Packung Nüsse von American Airlines: „Anleitung: Packung öffnen, Nüsse essen!"

12. Auf einem Superman-Kostüm für Kinder: „Das Tragen dieses Kleidungsstücks ermöglicht es nicht, zu fliegen."

▶▶ **Aus der Zeitschrift
„Hamburger Grundeigentum"**
„Berufstätige tragen durch ihre Arbeit
dazu bei, dass Nichtberufstätige Güter
und Dienstleistungen aus dem Sozi-
alprodukt bekommen, wenn die nicht
mehr Berufstätigen im Austausch früher
durch ihre Arbeit dazu beitrugen, dass
die jetzt Berufstätigen damals Güter und
Dienstleistungen bekamen, als sie noch
nicht berufstätig waren."

▶▶ Der Chef fragt seine Sekretärin: „Was
steht denn diese Woche auf meinem
Terminkalender?" Sie ganz fix: „Montag, Dienstag, Mittwoch, Donnerstag,
Freitag."

▶▶ Der Chef zum Angestellten: „Seit einer
geschlagenen Stunde sehen Sie einer
Fliege zu. Haben Sie noch nie eine gesehen?" – „Doch, aber im Büro denkt man
einfach ganz anders darüber nach."

▶▶ Kommt ein Burgenländer in einen
Baumarkt: „Bitt' schön, I hätt gern an
fünfer un an dreier Bohrer, i wüh a och-

ter Loch boahn." Antwort des Verkäu-
fers: „Nehmen's doch zwa vierer, dann
brauchen's net umspannen."

Unterhalten sich zwei Geschäftsleute.
„Ich sitze völlig auf dem Trockenen",
sagt der eine. Meint der andere: „Hast
du's gut! Mir steht das Wasser bis zum
Hals."

In einer Firma steht ein neuer Mitarbeiter mit einem Stapel Akten vor dem
Reißwolf und weiß nicht, wie dieser
funktioniert. „Kann ich Ihnen helfen?",
fragt ein Kollege. „Ja, gerne, wie funktioniert das Ding hier?" – „Ganz einfach!"
Der andere nimmt ihm die Akten aus der
Hand und wirft eine nach der anderen in
den Aktenvernichter. „Ist ja toll, wie das
so funktioniert", meint der Neue, „und
wo kommen jetzt die Kopien raus?"

„Ihr Wagen ist überladen! Ich muss
Ihnen den Führerschein abnehmen",
sagt der Polizist zu dem LKW-Fahrer. „Sie
scherzen wohl! Der Führerschein wiegt
doch höchstens 20 Gramm!"

▶▶ „Warum kommen Sie erst jetzt?", raunzt
der Chef den Angestellten an.
„Ich bin aus dem Fenster im dritten
Stock gefallen."
„Na und? Das hat ja wohl kaum eine
Stunde gedauert!"

▶▶ Der Student studiert.
Der Arbeiter arbeitet.
Und der Chef scheffelt.

▶▶ Chef zum verspäteten Mitarbeiter: „Sie
kommen diese Woche schon zum vierten
Mal zu spät! Was schließen Sie daraus?"
„Es ist Donnerstag?"

▶▶ „Ihre Bremsen sind nicht in Ordnung",
bemängelt der Polizist, „das macht
20 Euro." – „Na, das ist doch geschenkt",
freut sich Kevin. „Mein Schwager wollte
für die Reparatur 70 Euro haben."

▶▶ Kurzwarenhändler Ruben liegt im Sterben
und bittet seine Gemahlin, die Kinder an
sein Bett zu holen. „Rahel, meine liebe

Tochter, bist du es?" – „Ja, mein Vater, ich bin es." – „Ich liebe dich!" Weitere 5 Kinder treten ans Bett und nehmen bewegt Abschied. Zuletzt fragt er mit schwacher Stimme: „Und wo ist mein geliebter Sohn Benjamin?" – „Hier bin ich, mein Vater!" Da erhebt sich der Sterbende plötzlich mit neuer Kraft, reibt sich die Augen, schaut in die Runde und fragt erschrocken: „Und wer steht jetzt im Laden?"

▶▶ Chef: „Meine Damen und Herren, ich habe ja nichts dagegen, dass es geteilte Meinungen gibt, aber wir wollen es doch so halten, dass ich eine Meinung habe und Sie diese teilen."

▶▶ Wie heißt Kaffee noch? Flüssiger Mittagsschlaf.

▶▶ Der Malerlehrling soll die Fenster streichen. Nach einer Stunde kommt er zum Meister: „Die Fenster habe ich gestrichen", verkündet er stolz. „Soll ich die Rahmen auch noch streichen?"

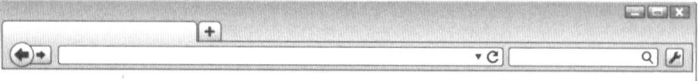

Lieber Chef,
mein Mitarbeiter, Herr x, ist immer dabei,
seine Arbeit zu tun, und das sehr eifrig, ohne jemals
seine Zeit mit Schwätzchen zu verplempern. Nie
lehnt er es ab, anderen zu helfen, trotzdem
schafft er sein Arbeitspensum; oft bleibt er länger
im Büro, um seine Arbeit zu beenden. Er arbeitet sogar
in der Mittagspause. Mein Mitarbeiter ist jemand ohne
Überheblichkeit in Bezug auf seine überragenden
Fachkenntnisse. Er ist einer der Kollegen, auf die man
stolz sein kann und auf deren Arbeitsbereitschaft man nicht
gerne verzichtet. Ich denke, dass es Zeit wird für ihn,
befördert zu werden, damit er nicht auf den Gedanken kommt,
zu gehen. Die Firma kann davon nur profitieren.

2. E-Mail:

Lieber Chef,
als ich vorhin meine E-Mail geschrie-
ben habe, hat mein Mitarbeiter, dieser
Volltrottel, dummerweise neben mir gestanden. Daher musste ich verschlüsselt
schreiben. Bitte lesen Sie meine erste
Nachricht noch einmal, aber diesmal nur
jede zweite Zeile …

▶▶ „Ach du meine Güte, ist das heute wieder eine schreckliche Stimmung hier",
klagt die Sekretärin. „Der Einzige, der
gut aufgelegt ist, ist der Telefonhörer."

Zwei Angestellte des Grünflächenamtes arbeiten in einem Park. Der eine gräbt ein Loch, der andere füllt es wieder. Sie arbeiten fanatisch den ganzen Tag, ohne Pause – Loch graben, Loch füllen. Ein Passant, der das Treiben eine Zeit lang fasziniert beobachtet hat, nimmt sich schließlich ein Herz und fragt den Lochgräber: „Ich finde das ja fantastisch, diese Anstrengung und Begeisterung, mit der Sie Ihrem Job nachgehen, aber sagen Sie mal, wozu das alles? Sie graben und Ihr Partner schüttet wieder zu!?" Der Lochgräber wischt sich den Schweiß von der Stirn, seufzt und sagt schließlich: „Normalerweise sind wir zu dritt, aber unser Kollege, der die Bäume pflanzt, ist heute leider krank."

Arbeitsalltag

Du merkst, dass du im Jahr 2019 lebst, wenn:

1. du unabsichtlich deine PIN-Nummer in die Mikrowelle eingibst.
2. du schon seit Jahren Solitär nicht mehr mit richtigen Karten gespielt hast.
3. du eine Liste mit 15 Telefonnummern hast, um deine Familie zu erreichen, die aus 3 Personen besteht.

4. du eine E-Mail an deinen Kollegen schickst, der direkt neben dir sitzt.

5. du den Kontakt zu Freunden verloren hast, weil sie keine E-Mail-Adresse haben.

6. du nach einem langen Arbeitstag nach Hause kommst und dich mit dem Firmennamen am Telefon meldest.

7. du auf deinem Telefon zu Hause zweimal die Null wählst, um ein Amt zu bekommen.

8. du seit vier Jahren auf deinem Arbeitsplatz bist, allerdings für drei verschiedene Firmen.

10. alle Fernsehwerbesendungen eine Web-Adresse am Bildschirmrand zeigen.

11. du Panik bekommst, wenn du ohne Handy aus dem Haus gehst, und umdrehst, um es zu holen.

12. du morgens aufstehst und erst mal Outlook aufmachst, bevor du einen Kaffee trinkst.

13. du den Kopf neigst, um zu lächeln ;-)

14. du diesen Text liest und grinst.

15. du zu beschäftigt bist, um festzustellen, dass in dieser Liste die 9 fehlt.

16. du die Liste jetzt noch mal durchgehst, um nachzuschauen, ob wirklich die 9 fehlt.

▶▶ Ein Mann überlegt, wie er ein paar Tage Sonderurlaub bekommen kann. Am besten scheint es ihm, verrückt zu spielen, damit sein Chef ihn zur Erholung nach Hause schickt. So hängt er sich im Büro an die Zimmerdecke. Als ihn seine Kollegin fragt, was er denn da tue, erklärt er ihr sein Vorhaben. Wenige Minuten später kommt der Chef ins Zimmer.

„Warum hängen Sie an der Decke?"

„Ich bin eine Glühbirne!"

„Sie müssen verrückt sein, gehen Sie mal für den Rest der Woche nach Hause und ruhen sich aus. Montag sehen wir dann weiter."

Der Mann geht, die blonde Kollegin will sich ihm anschließen. Fragt der Chef, warum sie denn auch gehe. Kollegin: „Im Dunkeln kann ich nicht arbeiten."

▶▶ „Die selbstbewusste Art, mit der Sie Ihren Standpunkt sogar gegenüber den Vorgesetzten vertreten, gefällt mir", sagte der Chef zu seinem Angestellten. „Sie sind offen, Sie sind aufrichtig – Sie sind entlassen!"

▶▶ Der Chef rüttelt seinen Angestellten wach und brüllt: „Wissen Sie, was Sie sind?"

„Ja, ein aufgeweckter Angestellter!"

▶▶ **Naturtalent**

Ein junger Mann zieht in die Stadt und geht zu einem großen Kaufhaus, um sich dort nach einem Job umzusehen. Manager: „Haben Sie irgendwelche Erfahrungen als Verkäufer?" Junger Mann: „Klar, da wo ich herkomme, war ich auch als Verkäufer tätig." Der Manager findet den jungen Mann sympathisch und stellt ihn ein. Der erste Arbeitstag ist hart, aber er meistert ihn.

Nach Ladenschluss kommt der Manager zu ihm. „Wie vielen Kunden haben Sie heute etwas verkauft?"

Junger Mann: „Einem."

Manager: „Nur einem? Unsere Verkäufer machen im Schnitt 20 bis 30 Verkäufe pro Tag! Wie hoch war denn die Verkaufssumme?"

Junger Mann: „101.237 Euro und 64 Cent."

Manager: „Wie bitte? Was haben Sie dem denn verkauft?"

Junger Mann: „Zuerst habe ich dem Mann einen kleinen Angelhaken verkauft, dann habe ich ihm noch einen mittleren Angelhaken verkauft. Dann verkaufte ich ihm einen noch größeren Angelhaken und schließlich sogar eine neue Angelrute. Dann fragte ich ihn, wohin er denn zum Angeln gehen wolle, und er sagte: ‚Runter an die Küste!' Also sagte ich ihm, er würde ein Boot brauchen. Wir gingen in die Bootsabteilung, und ich verkaufte ihm diese doppelmotorige Chris Craft. Er bezweifelte, dass sein Kleinwagen dieses Boot würde ziehen können, also ging ich mit ihm rüber in die Automobilabteilung und verkaufte ihm einen Toyota mit Allradantrieb."

Manager: „Sie wollen sagen, ein Mann kam zu Ihnen, um einen Angelhaken zu kaufen, und Sie haben ihm ein Boot und einen Geländewagen verkauft??!"

Junger Mann: „Nein, nein, er kam her und wollte eine Packung Kaffeepulver, weil seine Schwiegermutter am Wochenende kommt! Nun, habe ich gesagt, wo Ihr Wochenende doch sowieso langweilig wird, könnten Sie doch ebenso gut auch Angeln fahren."

▶▶ Der Kapitän eines großen Schiffes schrieb eines Tages in das Logbuch: „Der erste Steuermann war heute betrunken!" Als der Steuermann wieder nüchtern war und den Eintrag las, wurde er missmutig. Er bat den Kapitän, den Eintrag doch wieder zu streichen, da er vorher noch niemals betrunken gewesen sei und es in Zukunft auch nicht wieder sein wolle. Aber der Kapitän blieb hart: „In dieses Logbuch schreiben wir immer die absolute Wahrheit!" In der nächsten Woche machte der erste Steuermann die Eintragung ins Logbuch und schrieb: „Heute war der Kapitän nüchtern!"

▶▶ An der Grenze. Ein Mann fährt mit dem Fahrrad vor, auf dem Gepäckträger einen Sack. Zöllner: „Haben Sie etwas zu verzollen?"
Mann: „Nein."
Zöllner: „Und was haben Sie in dem Sack?"
Mann: „Sand."
Bei der Kontrolle stellt sich heraus: tatsächlich nur Sand. Eine ganze Woche lang kommt der Mann jeden Tag mit dem Fahrrad und dem Sack auf dem Gepäck-

träger. Am achten Tag wird's dem Zöllner doch verdächtig. Der Sand wird diesmal gesiebt. Ergebnis wieder: nur Sand. Zwei Wochen später wird es dem Grenzer zu bunt, und er schickt den Sand ins Labor. Ergebnis wieder: nur Sand. Nach einem weiteren Monat hält es der Zöllner nicht mehr aus. „Also, ich verspreche Ihnen, dass ich nichts verrate, aber Sie schmuggeln doch etwas. Sagen Sie mir bitte, was!"

Der Mann lacht und sagt: „Fahrräder ..."

 Stoßseufzer eines Vorgesetzten

- ✘ Kommt man morgens zu spät, ist man ein schlechtes Vorbild;
- ✘ kommt man pünktlich, ist man ein Aufpasser.
- ✘ Ist man zu seinen Mitarbeitern freundlich, will man sich anbiedern;
- ✘ ist man zurückhaltend, gilt man als hochnäsig.
- ✘ Kümmert man sich um die Arbeit seiner Leute, ist man ein Schnüffler;
- ✘ tut man es nicht, hat man von der Sache überhaupt keine Ahnung.
- ✘ Geht man oft zum Chef, ist man ein Radfahrer;

- ✖ geht man selten, traut man sich nicht.
- ✖ Hält man Konferenzen ab, ist man ein Schwätzer;
- ✖ hält man keine ab, ist man ein „Mann der einsamen Beschlüsse".
- ✖ Ist man schon etwas älter, gilt man als verkalkt;
- ✖ ist man noch jung, fehlt die Erfahrung des Alters.
- ✖ Bleibt man abends länger, markiert man den Überbeschäftigten;
- ✖ geht man pünktlich, fehlt das Firmeninteresse.
- ✖ Stimmt man sich mit seinen Kollegen ab, ist man ein Rückversicherer;
- ✖ tut man es nicht, ist man ein Eigenbrötler.
- ✖ Trifft man schnelle Entscheidungen, ist man oberflächlich;
- ✖ lässt man sich Zeit, mangelt es an Entschlusskraft.
- ✖ Nimmt man Urlaub, nutz man seine Stellung aus;
- ✖ nimmt man keinen, fürchtet man um seine Stellung.
- ✖ Ist man sehr genau, gilt man als pingelig;
- ✖ ist man es nicht, lässt man die Zügel schleifen.

Hat man neue Ideen, ist man ein
Fantast;

 bleibt man beim Alten, ist man rück-
ständig.

 Delegiert man viel, spielt man den
Generaldirektor;

 delegiert man nichts, spielt man den
Unersetzlichen.

▶▶ Schadensmeldung

Den folgenden Brief schrieb eine Versi-
cherungsnehmerin an ihre Versicherung:
Sie wurde aufgefordert zu erklären, wie
es dazu kommen konnte, dass ein Sturmschaden an ihrem Gartenzaun entstan-
den ist.

Sehr geehrte Damen und Herren,

Sie fordern eine Begründung, wie es dazu kam,
dass mein Zaun von einem Sturm zerstört worden
ist. Nach anfänglicher Ratlosigkeit, was man da
wohl schreiben soll, ich dennoch gezwungen bin,
zu antworten, um meinen Pflichten als Versiche-
rungsnehmerin nachzukommen, trage ich nun
ordnungsgemäß vor: Die Sonne wärmt die Luft
weltweit unterschiedlich. Wo sie senkrecht auf die
Erde trifft (am Äquator), wärmt sie stärker als da,

wo sie schräg auftrifft (Nord- und Südpol). Und über Land wärmt sie stärker als über dem Meer. Aufgewärmte Luft dehnt sich aus, der Luftdruck wird an diesen Stellen höher (man nennt das „Hochs"). An kühleren Stellen bleibt der Luftdruck niedrig („Tiefs"). Die Luft versucht, diese Druckunterschiede wieder auszugleichen: Sie strömt von Gebieten mit hohem Luftdruck in Gebiete mit niedrigem Luftdruck; je größer die Druckunterschiede sind, umso schneller bewegt sich die Luft, mit 6 km/h nennt man das Wind. Ab 75 km/h nennt man diese Bewegung Sturm, ab 118 km/h Orkan. So schnell ist die Luft aber nur bei extremen Druckunterschieden. Ein solcher Druckunterschied lag am Schadenstag über Deutschland vor. Zur Unglückszeit passierte schnelle Luft den Großraum Hessen, wobei sie auch durch den Ort Asterode, und damit an meinem Haus, vorbeikam. Da mein Haus der schnellen Luft im Wege stand, sollte es wohl weggepustet werden. Das jedoch ließ mein treuer Zaun nicht zu. Um das Haus zu schützen, hat sich mein armer Zaun mit aller Kraft gegen die schnelle Luft gestemmt. Es gelang ihm zunächst, sich und das Haus erfolgreich zu verteidigen, sodass die schnelle Luft gezwungen war, den Weg durch das Nachbarhaus zu nehmen. Als das große Dach des Nachbarhauses in einem Stück vorbeigeflogen kam, was nur in sehr seltenen Fällen vorkommt, muss mein Zaun erschrocken oder zumindest kurz abgelenkt gewesen sein. Die schnelle Luft hat ihre Chance sofort genutzt und meinen treuen Zaun heimtückisch niedergedrückt. Der Held brach zusammen und starb noch am Boden liegend vor dem Haus, welches er jedoch immerhin erfolgreich beschützt hatte.

Das ist meiner Ansicht nach der Vorgang, so wie er sich real zugetragen hat. Es könnte jedoch auch weniger dramatisch gewesen sein, und der Fall ist als ganz gewöhnlicher Sturmschaden zu behandeln, dem nichts hinzuzufügen ist, außer dass an dem Tag in Asterode – wie in ganz Deutschland – Sturm war.

Sollte weiterer Vortrag notwendig sein, Zeugenaussagen begehrt oder Ihrer Ansicht nach eine Obduktion des Zaunes erforderlich sein, stehe ich gerne zur Verfügung.

 Sie besitzen zwei Kühe und sind ...

Christdemokrat:
Sie besitzen zwei Kühe. Ihr Nachbar besitzt keine. Sie behalten eine und schenken Ihrem armen Nachbarn die andere. Danach bereuen Sie es.

Sozialist:
Sie besitzen zwei Kühe. Ihr Nachbar besitzt keine. Die Regierung nimmt Ihnen
eine ab und gibt diese Ihrem Nachbarn.
Sie werden gezwungen, eine Genossen-
schaft zu gründen, um Ihrem Nachbarn
bei der Tierhaltung zu helfen.

Sozialdemokrat:
Sie besitzen zwei Kühe. Ihr Nachbar
besitzt keine. Sie fühlen sich schuldig,
weil Sie erfolgreich arbeiten. Sie wählen
Leute in die Regierung, die Ihre Kühe
besteuern. Das zwingt Sie, eine Kuh zu
verkaufen, um die Steuern bezahlen
zu können. Die Leute, die Sie gewählt
haben, nehmen dieses Geld, kaufen eine
Kuh und geben diese Ihrem Nachbarn.
Sie fühlen sich rechtschaffen. Udo Lin-
denberg singt für Sie.

Freidemokrat:
Sie besitzen zwei Kühe. Ihr Nachbar
besitzt keine. Na und?

Kommunist:
Sie besitzen zwei Kühe. Ihr Nachbar
besitzt keine. Die Regierung beschlag-
nahmt beide Kühe und verkauft Ihnen

die Milch. Sie stehen stundenlang für die Milch an. Sie ist sauer.

Kapitalist:

Sie besitzen zwei Kühe. Sie verkaufen eine und kaufen einen Bullen, um eine Herde zu züchten.

Postnukleare Gesellschaft:

Sie haben zweidreiviertel Kühe und Ihr Nachbar eine halbe mit 8 Eutern.

Anarchie:

Sie haben zwei Kühe. Sie laufen davon und werden von Unbekannten gemolken.

EU-Bürokratie:

Sie besitzen zwei Kühe. Die EU nimmt ihnen beide ab, tötet eine, melkt die andere, bezahlt Ihnen eine Entschädigung aus dem Verkaufserlös der Milch und schüttet diese dann in die Nordsee.

Britisches Unternehmen:

Sie besitzen zwei Kühe. Beide sind wahnsinnig – die Kühe Ihres Nachbarn auch.

Deutsches Unternehmen:

Sie besitzen zwei Kühe. Mittels modernster Gentechnik werden die Tiere „redesigned", sodass sie alle blond sind, eine Menge Bier saufen, Milch von höchster Qualität geben und 160 km/h laufen können. Leider fordern die Kühe 13 Wochen Urlaub im Jahr.

Amerikanisches Unternehmen:

Sie besitzen zwei Kühe. Sie verkaufen eine und leasen sie zurück. Sie gründen eine Aktiengesellschaft. Sie zwingen die beiden Kühe, das Vierfache an Milch zu geben. Sie wundern sich, als eine tot umfällt. Sie geben eine Presseerklärung heraus, in der Sie erklären, Sie hätten Ihre Kosten um 50 % gesenkt. Ihre Aktien steigen.

Polnisches Unternehmen:

Sie besitzen zwei Kühe. Sie haben diese zusammen mit Ihrem Nachbarn in Deutschland geklaut. Die Russenmafia nimmt Ihnen eine Kuh ab und zwingt Sie, den Erlös für den Verkauf der Milch der zweiten Kuh zu 90 % an sie abzuführen.

Taliban-Regime:
Sie besitzen zwei Kühe. Sie lassen sie beide in der afghanischen „Landschaft" frei, beide sterben. Sie geben die Schuld daran den gottlosen amerikanischen Ungläubigen.

Französisches Unternehmen:
Sie besitzen zwei Kühe. Sie streiken, weil Sie drei Kühe haben wollen. Sie gehen Mittagessen. Das Leben ist schön.

Japanisches Unternehmen:
Sie besitzen zwei Kühe. Mittels modernster Gentechnik werden die Tiere auf ein Zehntel ihrer ursprünglichen Größe gezüchtet und das Zwanzigfache der Milch geben.

Vom Tomatenverkäufer zum Millionär

Ein Arbeitsloser bewirbt sich als Reinigungskraft bei Microsoft. Der Personalleiter lässt ihn einen Test machen, darauf erfolgt ein Interview, bei dem er ihm mitteilt: „Sie sind eingestellt! Geben Sie mir bitte Ihre E-Mail-Adresse, dann schicke ich Ihnen die Unterlagen." Der Mann antwortet: „Ich habe keinen Computer, kein Handy und keinen Organizer, ergo auch keine E-Mail-Adresse." Der Personalleiter antwortet ihm, dass er ohne E-Mail-Adresse in einem Hightech-Unternehmen wie Microsoft nicht angestellt werden könne.

Der Mann verlässt das Gebäude mit nur zehn Dollar in der Tasche. Er geht verzweifelt in den nächsten Supermarkt, kauft zehn Kilo Tomaten und verkauft die Tomaten von Tür zu Tür. Dabei erweist er sich als Verkaufstalent: Innerhalb von nur zwei Stunden verdoppelt er so sein Kapital.

Er wiederholt die Aktion mehrfach, hat am Ende 160 Dollar und begreift, dass er auf diese Art seine Existenz bestreiten kann. Ab sofort startet er jeden Morgen und kehrt abends spät zurück. Jeden Tag vervielfacht er sein Kapital. In kurzer Zeit kann er sich einen kleinen Wagen kaufen, dann einen Lieferwagen. Bald verfügt er über einen eigenen Fuhrpark. Und nach fünf Jahren besitzt er eine der größten Lebensmittelketten der USA. Er beschließt, an seine Zukunft zu denken und lässt einen Finanzplan für sich und seine Familie erstellen. Also setzt er sich mit einem Berater in Verbindung.

Am Ende fragt der Berater nach seiner E-Mail-Adresse, um ihm die Unterlagen schicken zu können. Er antwortet, dass er nach wie vor keinen Computer und keine E-Mail besitze.

Der Finanzberater ist amüsiert: „Wie, Sie haben ein solches Imperium aufgebaut und sind nicht einmal per Mail erreichbar? Stellen Sie sich mal vor, was Sie mit E-Mail alles geschafft hätten!"

Worauf der Mann lächelt und sagt: „Ich wäre jetzt Reinigungskraft bei Microsoft!"

▶▶ **Wir sitzen alle in einem Boot ...**
Vor einiger Zeit verabredete eine deutsche Firma ein jährliches Wettrudern

gegen eine japanische Firma, das mit einem Achter auf dem Rhein ausgetragen werden sollte. Beide Mannschaften trainierten lange und hart, um ihre höchste Leistungsstufe zu erreichen. Als der große Tag gekommen war, waren beide Mannschaften topfit, doch die Japaner gewannen mit einem Vorsprung von einem Kilometer. Nach dieser Niederlage war das deutsche Team sehr betroffen und die Moral war auf dem Tiefpunkt. Das obere Management entschied, dass der Grund für diese vernichtende Niederlage unbedingt herausgefunden werden musste. Ein Projektteam wurde eingesetzt, um das Problem zu untersuchen und um geeignete Abhilfemaßnahmen zu empfehlen. Nach langen Untersuchungen fand man heraus, dass bei den Japanern sieben Leute ruderten und ein Mann steuerte, während im deutschen Team ein Mann ruderte und sieben steuerten. Das obere Management engagierte sofort eine Beraterfirma, die eine Studie über die Struktur des deutschen Teams anfertigen sollte. Nach einigen Monaten und beträchtlichen Kosten kamen die Berater zu dem Schluss, dass zu viele Leute steuerten und zu wenige

ruderten. Um einer weiteren Niederlage
gegen die Japaner vorzubeugen, wurde
die Teamstruktur geändert. Es gab jetzt
vier Steuerleute, zwei Obersteuerleute,
einen Steuerdirektor und einen Ruderer.
Außerdem wurde ein Leistungsbewer-
tungssystem eingeführt, um dem Ruderer mehr Ansporn zu geben: „Wir müssen
seinen Aufgabenbereich erweitern und
ihm mehr Verantwortung geben."
Im nächsten Jahr gewannen die Japaner
mit einem Vorsprung von zwei Kilo-
metern. Das Management entließ den
Ruderer wegen schlechter Leistungen,
verkaufte die Ruder und stoppte alle
Investitionen für ein neues Boot ...

Ausbilder zum Azubi: „Wann war
der Dreißigjährige Krieg?" –
„In Vietnam, oder?"

Die wunderbare Welt der Ausbildung

▶▶ Lehrerin zu Ali: „Bilde mir bitte einen
Satz!"
Ali: „Mein Vatter hat Dönerbude."
Lehrerin: „Und jetzt mach daraus eine
Frage!"
Darauf Ali: „Mein Vatter hat Dönerbude,
weißt du?"

▶▶ Der Sohn vom Scheich aus Dubai studiert
in Köln. Der Vater mailt: „Und, wie ist
es so?" Antwortet ihm der Sohn: „Im
Großen und Ganzen nicht schlecht, aber
stell dir vor, der Rektor der Uni kommt
mit der Straßenbahn zur Uni gefahren!"
Daraufhin schickt der Scheich dem Sohn
einen Brief: „Mach dir nichts draus, mein
Sohn, hier hast du einen Scheck über
eine Million Euro, kauf dir auch eine
Straßenbahn!"

▶▶ „Kennen wir uns nicht?", begrüßt der
Professor den aufgeregten Studenten
bei der mündlichen Prüfung. „Ja, vom
letzten Mal. Ich wiederhole heute."
„Gut. Was war denn das letzte Mal meine
erste Frage?", will der Professor wissen.
„Kennen wir uns nicht?"

▶▶ Die Klasse macht eine Bergwanderung.
Plötzlich fragt Chantal ihre Nachba-
rin: „Kannst du mir zehn Euro leihen?
Ich gebe dir meinen Lodenmantel als
Pfand." Gerrit lässt sich überreden, gibt
die zehn Euro und nimmt den Lodenmantel als Pfand. Am Abend gibt Chantal
die zehn Euro wieder zurück und lacht:
„Hier hast du die zehn Euro zurück. Es
war nett von dir, dass du mir den ganzen
Tag über den schweren Lodenmantel
getragen hast."

▶▶ *Der Sack Kartoffeln – eine Rechenaufgabe*
als Spiegel der Schulentwicklung
Volksschule 1950
Ein Bauer verkauft einen Sack Kartoffeln
für 20 Mark.

Die Energiekosten betragen 4/5 des Erlöses.
Wie hoch ist der Gewinn?

Realschule 1987
Ein Bauer verkauft einen Sack Kartoffeln für 20 Mark.
Die Erzeugerkosten betragen 16 Mark.
Berechne den Gewinn.

Gymnasium 2002
Ein Bauer verkauft eine Menge Kartoffeln (K) für eine Menge Geld (G).
G hat die Mächtigkeit 20. Für die Elemente aus G gilt: g ist ein Euro.
In Strichmengen müsstest du für die Menge G „zwanzig"
(////////////////////) Strichlein machen, für jedes Element g eines. Die Menge der Erzeugerkosten (E) ist um „vier" (////) Strichlein weniger mächtig als die Menge G. Zeichne das Bild der Menge E als Teilmenge der Menge G und gib die Lösungsmenge (L) an für die Frage: Wie mächtig ist die Gewinnmenge?

Integrierte Gesamtschule 2008
Ein Bauer verkauft einen Sack Kartoffeln für 20 Euro.

Die Erzeugerkosten betragen 16 Euro.
Der Gewinn beträgt 4 Euro.
Aufgabe: Unterstreiche das Wort „Kartoffeln" und diskutiere mit deinem Nachbarn darüber.

Weiter reformierte Schule 2017
ein kapitalistisch-priviligierter bauer
bereichert sich one rechtfärtigunk an
einen sak katofeln um 4 mak. untersuche
den tekst auf inhaldliche unt gramatische ortogravische und zeichensätzungsfeler, korigire die aufgabenställunk und
demonstriehr gegen die lösunk.

2025
- äs giept keine katofeln mär -

Der Lehrer, sagt Hans, sei schlau.
Der Lehrer sagt, Hans sei schlau.

Nicklas sucht eine Lehrstelle. Als er
endlich zu einem Vorstellungsgespräch
geladen wird, testet der Chef seine
Mathematik-Kenntnisse: „Was ist 2 + 2?"
Nicklas: „5."
Der Chef schickt ihn nach Hause. Eine

Woche später bekommt Nicklas überraschend die Zusage. Verwundert ruft er den Chef an und fragt: „Warum das denn?"

Chef: „Sie waren am nächsten dran."

Lehrer: „Eigenlob stinkt!" Ein Schüler meldet sich und sagt: „Herr Lehrer, ich glaube, neben mir hat sich gerade jemand gelobt!"

Azubigespräche

Prüfer: Wann war der Dreißigjährige Krieg?
Azubi: In Vietnam, oder?

Prüfer: Was bedeuten die Begriffe „brutto" und „netto"?
Azubi: Irgendwie so mehr oder weniger.
Prüfer: Ach was?
Azubi: Doch, brutto ist mit Verpackung ...
Prüfer: Und netto?
Azubi: Das ist das Gewicht der Verpackung.

Prüfer: Bevor es Geld gab, wie haben die Menschen da Waren gehandelt?

Azubi: Tauschhandel.

Prüfer: Da ... (wird vom Azubi unterbrochen)

Azubi: Wenn man da eine Playstation wollte, musste man einen Haufen Spiele abdrücken, um sie zu kriegen.

Prüfer: Wann wurde die Bundesrepublik Deutschland gegründet?

Azubi: Das war in Österreich.

Prüfer. Nicht wo, sondern wann.

Azubi: Vorher!

Prüfer: Wann fand die deutsche Wiedervereinigung statt?

Azubi: Als die Ossis gehört haben, dass wir den Euro haben, sind sie alle rüber.

Prüfer: Wann?

Azubi: Als Hitler in Berlin den Krieg verloren hat.

Prüfer: Wer war Ludwig Erhardt?

Azubi: Den haben meine Eltern gerne geguckt. War doch der mit der dicken Brille.

Prüfer: Und was war Ludwig Erhardt?

Azubi: Schauspieler!

Prüfer: Sie meinen Heinz Erhardt!

Azubi: Heinz Erhardt war doch der Helfer von Rudi Carrell, oder?

Prüfer: Im Zusammenhang mit der Börse hört man immer den Begriff DAX. Was ist denn der DAX?

Azubi: Nee, ich weiß schon, ist kein Tier, oder?

Prüfer: (schüttelt den Kopf)

Azubi: Nee, ist klar.

Prüfer: Und?

Azubi: 'Ne Abkürzung?

Prüfer: (nickt)

Azubi: Es gibt kein Wort, das mit X anfängt!

Prüfer: Vielleicht gibt es ja ein Wort, das mit X aufhört!

Azubi: Taxi!

Prüfer: Ein Kubikmeter besteht aus wie vielen Litern? Rechnen Sie doch mal, wie viele Liter passen in einen Kubikmeter?

Azubi: (starrt den Prüfer mit offenem Mund an)

Prüfer: Können Sie das?

Azubi: (starrt den Prüfer weiter verständnislos an)

Prüfer: Schauen Sie, einen Liter Wasser kann man ja auch in einen Würfel bestimmter Kantenlänge umrechnen, wie viele Würfel passen dann in einen Kubikmeter?

Azubi: Ja, aber Liter ist doch für Wasser und Kubikmeter für Wohnungen.
Prüfer: Wie bitte?
Azubi: Ja, die Wohnung von meinen Eltern ist 85 Kubikmeter groß.
Prüfer: Was Sie jetzt meinen, ist ein Flächenmaß, Sie meinen Quadratmeter!
Azubi: Ich dachte, Quadratmeter ist nur, wenn es viereckig ist, und Kubikmeter, wenn es etwas ungünstig geschnitten ist.

Prüfer: Wer war denn Carl Benz?
Azubi (war laut Unterlagen auf dem Carl-Benz-Gymnasium): Ein berühmter Erfinder!
Prüfer: Und was hat er erfunden?
Azubi (mit stolzgeschwellter Brust): Das Benzin!

▶ ▶ **Rotkäppchen in Schülersprache**
In dieser Story geht es um so 'nen reichen Zahn, der wohl mordsknackig aussah, aber durch die feine Family total out war. Jede Menge Klamotten und so 'nen Plunder, aber dafür immer auf liebes Mädchen machen und so 'nen Scheiß. Die fuhr da aber entweder voll

drauf ab oder blickte überhaupt nicht durch, jedenfalls machte sie nie Rabatz, sondern lief auch noch mit so 'ner affigen roten Samtmütze rum, die ihr die Großmutter mal verpasst hatte.

Jedenfalls durch selbige antike Dame kam dann die ganze Story ins Rollen. Die hatte es wohl irgendwie umgehauen, wahrscheinlich Migräne oder so, wie das bei diesen feinen Pinkeln ja immer so is. Jedenfalls lag sie in ihrer Poofe flach und erwartete, dass die liebe Family anmarschiert kommt. Die Alten vom Zahn hatte da wohl aber auch nicht gerade den schärfsten Bock drauf, jedenfalls musste der Zahn jetzt mit so 'nem Fresskorb in den Wald latschen, wo der Nobelschuppen von der maroden Alten stand. Und wie der Zahn so durch den Wald schnürt, kommt doch so'n haariger Typ angepirscht und ist unheimlich scharf auf den Zahn, weil der so heiß aussieht.

Die ist aber durch ihre scheißbürgerliche Erziehung total verklemmt und lässt 'ne unheimlich blöde Quatsche raus. Der Typ denkt wohl, dass er das schon irgendwie managed, und macht auf romantisch, so

mit Blümelein, Vögelein und heiteitei.
Die kapiert aber nich die Bohne, was
läuft, und will immer nur für die abge-
schlaffte Alte Blumen griffeln. Der Typ
dreht fast durch, weil er den Zahn nich
krallen kann, will aber unbedingt zu Pot-
te kommen. Die Story mit dem kranken
Friedhofsgemüse hatte der Zahn ja beim
Blumenknacken an ihn rangelabert.
Also, nix wie hin in die Villa, die alte
Dame aus der Poofe geschmissen und
sich schon mal selber reingehauen.

Als der Zahn endlich angeschlurft
kommt, schnallt der erst gar nix.
Haben wohl seine Linsen nich drin oder
is sonstwie ein bisschen behämmert.
Vielleicht isse aber auch cleverer, als
sie aussieht, und hat total kapiert, was
Sache is, steigt aber voll auf die Masche
ein. Jedenfalls nach so 'nem bisschen
Geplänkel von wegen großer Nase und
Augen und so ist die Sache geritzt, der
Typ griffelt sich den Zahn und vernascht
ihn. Die Kiste wär ja auch ganz O. K. ge-
wesen, wenn nicht die verklemmte Lady
Zoff gemacht hätte.

Vielleicht hättse auch selber 'nen Bock
auf den Typ gehabt und war jetzt sauer.
Bei dieser Sorte Weiber ist ja alles drin.
Jedenfalls holt se so 'nen Flintenspezi
als Verstärkung. Der spielt sich auch
gleich als der dicke Macker auf und fuch-
telt so lange mit seiner Knarre rum, bis
der Typ die Mücke macht, und ist auch
noch stolz drauf.

Die alte Lady macht sich unheimlich über
den Fresskorb her und ist auch ganz happy.
Nur für den Zahn war das natürlich be-
knackt, dass ihre erste dicke Kiste so voll
in die Hosen gegangen ist.

„Herr Pfarrer, war Jesus nicht in manchen Punkten zu liberal?"

Glaube

▶▶ Ein Schotte betet vor dem überfüllten Supermarkt: „Lieber Gott, bitte besorge mir doch einen freien Parkplatz. Ich verspreche dir auch, keinen Whisky mehr zu trinken und regelmäßig in die Kirche zu gehen." Kaum ist er mit dem Gebet fertig, parkt vor ihm jemand aus. Daraufhin der Schotte: „Lieber Gott, du brauchst dich nicht mehr zu bemühen, habe gerade einen gefunden!"

▶▶ Eine Menge Leute glauben, in der Wissenschaft gehe es vorwiegend um komplizierte Formeln oder staubtrockene Berechnungen. Das ist ein Irrtum. Wissenschaft ist einfach die Methode zur Überprüfung von Vermutungen. Wenn ich beispielsweise vermute: „Im Kühlschrank könnte noch Bier sein", und ich schaue nach, dann betreibe ich schon eine Art von Wissenschaft. In der Theologie dagegen werden Vermutungen in der Regel nicht überprüft. Wenn ich also behaupte:

„Im Kühlschrank ist Bier", schaue aber nicht nach, bin ich Theologe. Und wenn ich nachsehe, nichts finde, aber trotzdem behaupte, es sei Bier im Kühlschrank, dann bin ich Esoteriker.

▶▶ Ein atheistischer Kirchenkritiker ist das erste Mal in der Kirche und ärgert sich über alles. Während der Kollekte erreicht sein Adrenalinspiegel den absoluten Höhepunkt. Als der Klingelbeutel zu ihm kommt, sagt der Kirchdiener: „Nehmen Sie sich ruhig etwas!"
Der Atheist überrascht: „Wie bitte? Warum das denn?"
„Die Kollekte ist für die Heidenmission bestimmt."

▶▶ Rudolf Augstein, Gründer des Nachrichtenmagazins „Der Spiegel", hat des Öfteren Artikel veröffentlicht, in denen er die Existenz der historischen Person Jesus anzweifelte. Aus einem der vielen Leserbriefe: „Vielen Dank, Herr Augstein, für Ihre überzeugenden Beweise gegen die historische Existenz Jesu. Jetzt weiß ich endlich genau: 1. dass Jesus nie gelebt hat, 2. dass Jesus eine Geliebte hatte."

▶▶ Das Schwesterchen freut sich recht laut auf die Taufe des jüngsten Brüderleins. Singend marschiert es durch die pastörliche Wohnstube: „Morgen wird Martin gekauft, morgen wird Martin gekauft!" – „Nein, doch nicht gekauft, sondern getauft", kommt die Aufklärung von dem älteren Bruder, der bereits die Schule besucht. Und wissend fügt er noch hinzu: „Mit ‚t'!" – „Nein", sagt die kleine Schwester, „doch nicht mit Tee, mit Wasser!"

▶▶ Unterhalten sich ein russischer Gehirnchirurg und ein Kosmonaut über den lieben Gott. Sagt der Kosmonaut: „Ach, hör mir auf mit deinem Gott, ich war schon oft im All, habe viele Sterne und Planeten betrachtet, da war nichts zu sehen von deinem Gott!" Sagt der Chirurg lachend: „Und ich habe in meinem Leben schon so viele Gehirne gesehen, aber noch keinen einzigen Gedanken entdeckt."

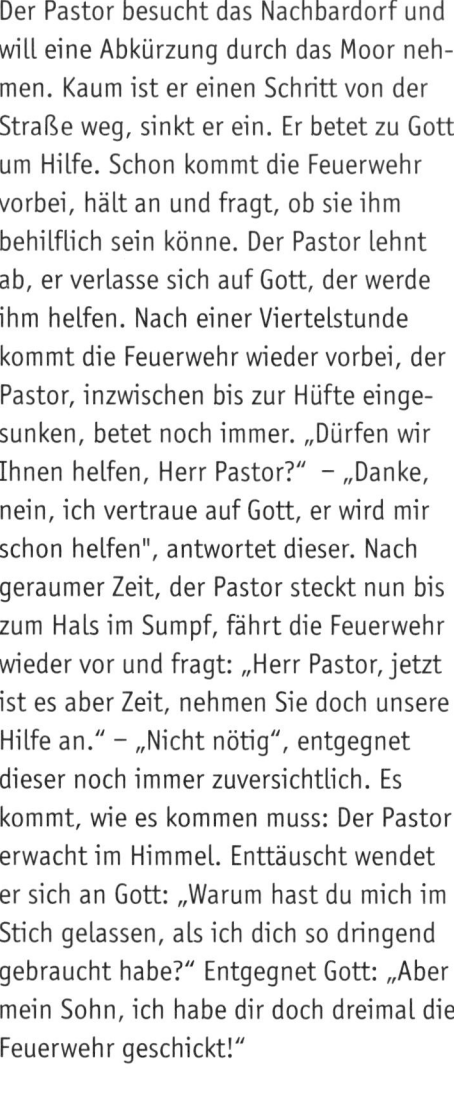

Der Pastor besucht das Nachbardorf und will eine Abkürzung durch das Moor nehmen. Kaum ist er einen Schritt von der Straße weg, sinkt er ein. Er betet zu Gott um Hilfe. Schon kommt die Feuerwehr vorbei, hält an und fragt, ob sie ihm behilflich sein könne. Der Pastor lehnt ab, er verlasse sich auf Gott, der werde ihm helfen. Nach einer Viertelstunde kommt die Feuerwehr wieder vorbei, der Pastor, inzwischen bis zur Hüfte eingesunken, betet noch immer. „Dürfen wir Ihnen helfen, Herr Pastor?" – „Danke, nein, ich vertraue auf Gott, er wird mir schon helfen", antwortet dieser. Nach geraumer Zeit, der Pastor steckt nun bis zum Hals im Sumpf, fährt die Feuerwehr wieder vor und fragt: „Herr Pastor, jetzt ist es aber Zeit, nehmen Sie doch unsere Hilfe an." – „Nicht nötig", entgegnet dieser noch immer zuversichtlich. Es kommt, wie es kommen muss: Der Pastor erwacht im Himmel. Enttäuscht wendet er sich an Gott: „Warum hast du mich im Stich gelassen, als ich dich so dringend gebraucht habe?" Entgegnet Gott: „Aber mein Sohn, ich habe dir doch dreimal die Feuerwehr geschickt!"

▶▶ Es wurde mal ein psychisch Kranker
gefragt: „Was ist ein Dämon?"
„Ein Dämon ist, wenn man von einer
halben Wahrheit besessen ist", antworte
der Kranke. „Können Sie verdeutlichen,
was Sie meinen?", fragte der Psychologe.
„Ja, wenn ein Löwe in einem Schmetter-
lingsnetz gefangen wird und denkt, er
wäre ein Schmetterling, dann ist er von
einem Dämon besessen."

▶▶ Wie viele Christen braucht man, um eine
Glühbirne zu wechseln?
Charismatiker: Nur einen. Die Hände hat
er schon oben.
Calvinisten: Keinen. Das Licht geht zu
vorbestimmten Zeiten an und aus.
Katholiken: Keinen. Kerzen genügen.
Historisch-kritische Fraktion: Verschiedene Expertenkommissionen datieren
das Herstellungsdatum und die Zusam-
mensetzung der Elementarteilchen der
Lampenfassung. Leider kann man sich
nicht einigen und erklärt die Dunkelheit
zum Standard.
Evangelisch: Wir ziehen es vor, weder für
noch gegen den Bedarf von Glühbirnen

Stellung zu nehmen. Wenn Sie aber auf Ihrem eigenen Weg erkannt haben, dass Glühbirnen nützlich sind, ist das okay. Sie sind eingeladen, für den nächsten Sonntagsgottesdienst ein Gedicht zu verfassen oder einen modernen Tanz über Ihre Glühbirne zu gestalten. In diesem Gottesdienst werden wir verschiedene Glühbirnentraditionen betrachten.

Baptisten: Mindestens 15. Eine Person, um die Birne auszuwechseln, und drei Komitees, die über den Wechsel befinden und entscheiden, wer den Kartoffelsalat mitbringt.

Pietisten: Zwei. Einer ruft den Elektriker und einer schildert die Vorzüge der alten Glühbirne.

Methodisten: Unbestimmt. Ob dein Licht hell, schummrig oder völlig ausgebrannt ist – du bist geliebt. Du kannst ein helles Licht sein oder ein anderes. Ein Gottesdienst, an dem die ganze Kirche erleuchtet wird, ist für Sonntag geplant. Bring die Birne deiner Wahl mit und etwas für das gemeinsame Mahl.

Lutheraner: Sechs. Eine Frau ersetzt die Glühbirne, während fünf Männer die Beleuchtungsgrundsätze der Kirche er-örtern und darüber debattieren, wie man die Glühbirne anders hätte wechseln können.

Brüdergemeinden: Sie verwenden keine Glühbirnen, weil diese im Neuen Testament offenbar nicht vorkommen.

Mennoniten: Was ist eine Glühbirne?

▶▶ Ein Mann betritt eine Buchhandlung. Er sucht, bis sich eine Verkäuferin seiner erbarmt. „Kann ich Ihnen helfen? Was suchen Sie, bitte?"

„Ich brauche eine Lektüre für einen Kranken."

„Etwas Religiöses?"

„Nein, nein, es geht ihm schon besser."

▶▶ Das Presbyterium einer Gemeinde berät über die Frage, ob bei einer Überschwemmung auch sonntags Rettungsarbeiten getan werden dürfen. Einige Presbyter sind dagegen, andere dafür. Der Pfarrer weist darauf hin, dass auch Christus am Sabbat geheilt habe. Antwortet ein alter Presbyter: „Herr Pfarrer, das wollte ich schon immer einmal fragen: War der Herr Jesus nicht in manchen Punkten zu liberal?"

▶▶ „Wir haben nichts gegen Veränderungen, Herr Pfarrer, wir haben nur etwas gegen schlechte Ideen, und Veränderungen sind eine sehr schlechte Idee!"

▶▶ Zwei Pfarrer über die Frage, wie man den Kirchenbesuch wieder beleben könne: „Wir haben jetzt gepolsterte Sitze, die Kniebänke sind abgeschafft, jede Woche halten wir einen Vortrag über aktuelle Themen, und zweimal im Monat spielt eine Jazzkapelle. Aber die Kirche wird und wird nicht voll. Können Sie mir wohl sagen, was wir noch versuchen sollten?"
„Lieber Mitbruder, haben Sie es mal mit Jesus probiert?"

▶▶ Der Kirchenchorleiter sagt zum Kirchenchor: „Meine Damen und Herren, dass wir nicht alle in der gleichen Tonart singen, das macht nichts. Dass wir alle nicht gleichzeitig anfangen, das macht auch nichts. Dass jeder sein eigenes Tempo hat, kann ja passieren. Aber können wir nicht wenigstens alle das gleiche Lied singen?"

▶▶ Häuptling „Großer Kral" war auf Studienreise in England. Wieder zurück in seiner afrikanischen Heimat nimmt er gleich seinen Medizinmann beiseite: „In London gibt es ganz tolle Zauberer. 22 bunt angezogene Männer treten auf einem großen Platz wie wild nach einer Lederkugel. Und, was soll ich sagen? Spätestens nach zehn Minuten fängt es an zu regnen ..."

▶▶ Ein Philosoph und ein Pfarrer streiten sich darum, welcher der beiden von ihnen vertretenen Disziplinen der höhere Rang zukomme. Spöttisch meint der Pfarrer: „Philosophie ist, als ob jemand in einem dunklen Raum mit verbundenen Augen eine schwarze Katze sucht, die es gar nicht gibt." Darauf antwortet der Philosoph: „Und Theologie ist, als ob jemand in einem dunklen Raum mit verbundenen Augen eine schwarze Katze sucht, die es gar nicht gibt und plötzlich ruft: ‚Ich hab sie!'"

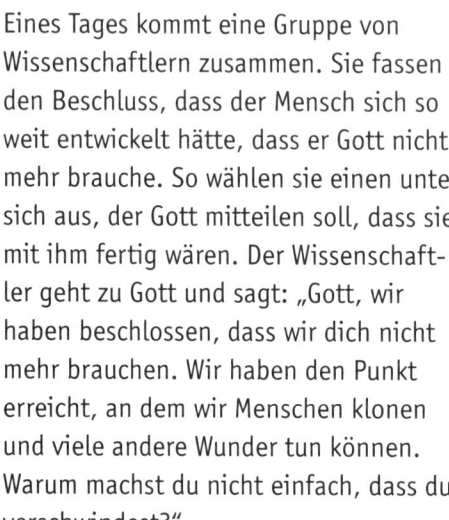

Eines Tages kommt eine Gruppe von Wissenschaftlern zusammen. Sie fassen den Beschluss, dass der Mensch sich so weit entwickelt hätte, dass er Gott nicht mehr brauche. So wählen sie einen unter sich aus, der Gott mitteilen soll, dass sie mit ihm fertig wären. Der Wissenschaftler geht zu Gott und sagt: „Gott, wir haben beschlossen, dass wir dich nicht mehr brauchen. Wir haben den Punkt erreicht, an dem wir Menschen klonen und viele andere Wunder tun können. Warum machst du nicht einfach, dass du verschwindest?"

Gott hörte dem Mann geduldig zu, und nachdem dieser zu Ende gesprochen hat, sagt er: „Wie wäre es mit einem Wettbewerb im Menschenmachen?" Darauf antwortet der Wissenschaftler: „Okay, kein Problem!" Sofort beginnt der Wissenschaftler, eine Handvoll Dreck aufzuklauben und daraus einen Menschen zu formen. Gott sieht ihn an, schüttelt mitleidig den Kopf und sagt: „Nein, nein, nein. Geh und mach dir deinen Dreck selber!"

▶▶ Plötzlich rutscht der Bergsteiger aus und kann sich gerade noch an einem winzigen Felsvorsprung festhalten. Als seine Kräfte nachlassen, blickt er verzweifelt zum Himmel und fragt: „Ist da jemand?"

„Ja."

„Was soll ich tun?"

„Sprich ein Gebet und lass los."

Der Bergsteiger, nach kurzem Überlegen: „Ist da noch jemand?"

Wie stilsicher ist Arnos Sprachempfinden?

 Er hatte auf der heißen Herdplatte den Topf mit heißem Teewasser vergessen, das schon um ein Drittel seiner Menge halbiert war. Seit Minuten beschlug es das Küchenfenster.

Nachdenklich verzog A.B. sein sonst so glattes Gesicht und starrte in die Teelichter, die wie ein magischer Zirkel um das Stövchen standen. Vergeblich harrte dieses seiner Bestimmung, niemand stand heute auf ihm. Bald schon würden der Kochtopf leer sein und die Kanne kalt bleiben.

A.B., unter deutschen Evangelisten und Entertainern nicht mehr der zweitjüngste, hatte sich bei einer Straßenfraktion die Achillesverse gesehnt und nun krankheitsbedingt mehr Zeit als sonst, über die Wirkung seiner Verkündigung nachzudenken.

„Seid stark im Glauben und in der Liebe", hatte er Braut und Bräutigam auf einer Hochzeit zugerufen, „denn stark in

guter Hoffnung seid ihr ja schon!" Die
Braut hatte prüfend an sich herunterge-
schaut, die Angehörigen hatten geki-
chert. Brautmutter und -vater schworen
sich hochrot, nie mehr einen solchen
Bänkelsänger predigen zu lassen. Erst
letzten Sonntag hatte die junge Vikarin
Johannes 14,6 zitiert: „Niemand wird
zum Vater denn durch mich!"
Lag dieses peinliche Bemühtsein der
Gemeinde auch daran, dass A.B. über
Jesu Stummstellung gepredigt hatte?
„Ein Schiff, dass als Gemeinde pennt",
hatte Arno mit souliger Stimme gesun-
gen, „schleudert oft im Sturm der Zeit.
Doch in den Harfen der Ehe sind Vaters
viele Wohnungen, also vertraut auf den
Italiener aus Nazareth!"
Infolge nuschelnder Aussprache und
schlechter Gesangsanlage klangen „ei-
ner" oder „jener" immer wie „Italiener".
„War Jesus Italiener?", tuschelte ein
Teenie fragend nach hinten. „Na klar",
antwortete der Jugenddiakon, „er gesti-
kulierte mit den Händen, trank Wein zum
Essen, und seine Mutter war bei ihm, bis
er starb!"
Sofort beugte sich die feministische
Vikarin vor: „Nein, Jesus war eine Frau.

Er konnte 5.000 unerwartete Gäste satt
kriegen, wurde von vielen unfair behandelt und musste selbst im Tode noch mal
aufstehen, um eine Arbeit zu vollenden!"
„Stimmt", nickte der Teenie, „außerdem
verstand kein Mann, was genau er letzt-
lich wollte."

A.B. ließ diesen seltsamen Gottesdienst
vor seiner inneren Aura noch mal Rewe
passieren. Da schreckte er hoch. Es
brauste und brodelte, zischte und stank,
das Teewasser!!!
Wie von einer Tatarin gestochen sprang
er auf, nahm ohne mit der Wimper zu
zögern den angeschwärzten Topf von der
Gerthplatte und warf ihn in den Abguss.
Er war glühend heiß.
„Ein neuer Aluminiumtopf wird teuer",
dachte A.B. sorgenvoll, „aber beim Spa-
ren sollte man nicht knausern." Immerhin hatte er als dorfbekannter Altgrüner
immer dafür plädiert, dass man die
Einkommensteuer und den Solidaritäts-
zustand um 20 % kürzen dürfe, wenn
der Staat dafür Waffen liefert! Wo bliebe
denn sonst die Gewissensfreizeit!
Aber trotz christlich motiviertem Steuer-
boykotz war A.B. beiseele kein reicher

Mann. Die Traumgagen, die man ihm
hinter den großen Bühnen dieser Welt
unquittiert zusteckte, waren ja nur die
halbe Wahrheit. Jede Seite hat schließlich zwei Medaillen: Die Lebenshaus-
haltskosten fraßen auch ihm, dem umju-
belten Entertainer, die Haare zu Berge.
Also: Woher jetzt eine neue Teflonwanne
stehlen und nicht nehmen?!
Seufzend humpelte der Versverletzte vom
Spülstein zum Tisch zurück und ließ sich
auf den Stuhl fallen. Kein Tee heute. Nur
Teelichter. „Na ja", dachte und machte
er sich selbst Mut, „Profis bauten die
Titanic. Amateure die Arche Noah!"

Andreas Malessa

Dinge, die wir ohne Kino nie wüssten

▶▶ Autos, die zusammenstoßen, gehen grundsätzlich in Flammen auf.

▶▶ Ein Mann wird keinerlei Schmerzen zeigen, während er auf grausame Art verprügelt wird, aber er wird zurückzucken, wenn eine Frau versucht, seine Wunden zu säubern.

▶▶ Wenn man durch die Stadt gejagt wird, kann man üblicherweise in einer gerade vorbeiziehenden St.-Patricks-Day-Parade untertauchen – zu jeder Zeit im Jahr.

▶▶ Es ist für jedermann leicht möglich, ein Flugzeug zu landen, wenn man nur von jemand mündlich dabei angeleitet wird.

▶▶ Das Lüftungssystem eines jeden Gebäudes ist ein perfektes Versteck; niemand wird je auf die Idee kommen, dich dort zu suchen, und du kannst unentdeckt in jeden anderen Teil des Gebäudes wandern.

In Paris kann man von jedem Fenster aus den Eiffelturm sehen.

Alle Bomben sind mit elektronischen Zeitzündern ausgestattet, die große, rote Displays haben, damit man genau weiß, wann sie hochgehen.

Wenn man ein Taxi bezahlt, schaut man nicht in sein Portemonnaie, bevor man einen Schein rausnimmt; man greift einfach wahllos einen raus und reicht ihn rüber. Es wird immer der genaue Fahrpreis sein.

Küchen haben keine Lichtschalter. Wenn man nachts eine Küche betritt, öffnet man stattdessen den Kühlschrank und benutzt dessen Licht.

▶▶ Mütter bereiten jeden Morgen routine-
mäßig Eier, Schinken und Waffeln für
ihre Familie zu, auch wenn Ehemann und
Kinder niemals Zeit haben, sie zu essen.

▶▶ Ein einzelnes Streichholz reicht aus, um
einen Raum von der Größe eines Stadi-
ons zu erleuchten.

▶▶ Mittelalterliches Fußvolk hat perfekte
Zähne.

▶▶ Jede Person, die von einem Albtraum
erwacht, wird aufrecht im Bett sitzen
und keuchen.

▶▶ Es ist nicht nötig, „Hallo" oder „Auf
Wiedersehen" zu sagen, wenn man telefoniert.

▶▶ Selbst wenn man auf einer schnurgera-
den Straße fährt, ist es nötig, das Lenk-
rad alle paar Momente energisch nach
links und nach rechts zu drehen.

▶▶ Es ist immer möglich, direkt vor dem Haus zu parken, das man besuchen will.

▶▶ In einem Kampf, bei dem Kampfkunst im Spiel ist, spielt es keine Rolle, ob die anderen dir zahlenmäßig weit überlegen sind – deine Feinde werden geduldig nacheinander angreifen und in bedrohlicher Pose um dich herumtänzeln, bis du ihren Vorgänger außer Gefecht gesetzt hast.

▶▶ Wenn eine Person durch einen Schlag auf den Kopf bewusstlos geschlagen wird, erleidet sie natürlich keine Gehirnerschütterung oder gar einen Schädelbruch.

▶▶ Niemand, der jemals in eine Autojagd, Entführung, Explosion, einen Vulkanausbruch oder eine Alien-Invasion verwickelt ist, wird dabei einen Schock erleiden.

Einmal aufgetragen, wird sich Lippenstift niemals abreiben – nicht einmal beim Schnorcheltauchen.

Jedes Schloss kann innerhalb von Sekunden mit einer Kreditkarte oder einer Büroklammer geöffnet werden – es sei denn, es ist die Tür zu einem brennenden Gebäude, in dem ein Kind eingeschlossen ist.

Revolver haben prinzipiell mehr als 8 Schuss Munition, es sei denn, der Held zählt mit.

 Die Antworten findest du am Ende des Kapitels!

1. Ein Vater und sein Sohn verunglücken; der Vater stirbt, der Sohn kommt ins Krankenhaus und soll operiert werden. Es ist ein Spezialkrankenhaus mit den besten Fachkräften. Die Chirurgie-Koryphäe kommt in den OP-Saal und sagt: „Das kann ich nicht, das ist ja mein Sohn."
Wer ist es?

2. Black-Story
Charlie ist tot! Er starb, als der Mann in Schwarz aufhörte zu reden.
Auf welche Weise?

3. Der Vater von Monika hat fünf Töchter: Lele, Lala, Lulu, Lolo?
Frage: Wie heißt die fünfte Tochter?

4. Einstein verfasste dieses Rätsel. Er behauptete, 98 % der Weltbevölke-

rung seien nicht in der Lage, es zu lösen. Es gibt keinen Trick, nur pure Logik.

Es gibt fünf Häuser mit je einer anderen Farbe.
In jedem Haus wohnt eine Person einer anderen Nationalität.
Jeder Hausbewohner bevorzugt ein bestimmtes Getränk, raucht eine bestimmte Zigarettenmarke und hält ein bestimmtes Haustier.
Keine der fünf Personen trinkt das gleiche Getränk, raucht die gleichen Zigaretten oder hält das gleiche Tier wie einer seiner Nachbarn.

Die Hinweise
Der Brite lebt im roten Haus.
Der Schwede hält einen Hund.
Der Däne trinkt gerne Tee.
Das grüne Haus steht links vom weißen Haus.
Der Besitzer des grünen Hauses trinkt Kaffee.
Die Person, die Pall Mall raucht, hält einen Vogel.
Der Mann, der im mittleren Haus wohnt, trinkt Milch.

Der Besitzer des gelben Hauses raucht Dunhill.

Der Norweger wohnt im ersten Haus.

Der Marlboro-Raucher wohnt neben dem, der eine Katze hält.

Der Mann, der ein Pferd hält, wohnt neben dem, der Dunhill raucht.

Der Winfield-Raucher trinkt gerne Bier.

Der Norweger wohnt neben dem blauen Haus.

Der Deutsche raucht Rothmanns.

Der Marlboro-Raucher hat einen Nachbarn, der Wasser trinkt.

Frage: Einer hat einen Fisch – wer?

5. Lies mal ganz schnell:

Münsterländer

Hinsterbender

Benebelter

Hansaufer

Hoffensterchen

Und jetzt noch mal langsam!

Lösungen Braintrain

1. Die Mutter

2. Lösung: Charlie war ein harmloser Käfer, der gerade über eine Sitzbank in der Kirche krabbelte, als der Pfarrer sein Gebet beendete und die Leute sich wieder hinsetzten. Dabei wurde Charlie zerquetscht!

3. Monika (lies mal die Einleitung!)

4. Antwort:
   Der Deutsche in Haus 4 hat den Fisch

Haus I	Haus II	Haus III
Norweger	Däne	Brite
Gelb	Blau	Rot
Wasser	Tee	Milch
Katze	Pferd	Vogel
Dunhill	Marlboro	Pall Mall

Haus IV	Haus V
Deutscher	Schwede
Grün	Weiß
Kaffee	Bier
Fisch	Hund
Rathmanns	Winfield

Kaninchen im Aufklärungsunterricht: „Dann stimmt das gar nicht mit dem Zylinder?!"

Tierwelt

▶▶ Ein Mann kommt in die Zoohandlung und will Hühner kaufen. Sagt der Zoohändler: „Da habe ich was ganz Besonderes im Angebot. Fünf Hühner in einem Metallkäfig, die können Stepptanz." Der Kunde ist begeistert und zieht mit den steppenden Hühnern los.

Abends wundert er sich, dass das Geflügel gar nicht zur Ruhe kommt. Kurz vor Ladenschluss ruft er besorgt beim Zoohändler an und fragt, wann denn die Hühner aufhören würden zu steppen.

„Ach du liebe Zeit", sagt der Zoohändler, „das hatte ich ganz vergessen, Ihnen zu sagen: Ziehen Sie die Schublade unter dem Käfig raus und pusten Sie die Teelichter aus."

▶▶ Sagt ein Ei zum anderen: „Du, sag mal, glaubst du an ein Leben nach dem Frühstück?"

▶▶ Sagt ein Schwein zum anderen: „Willst du meine Sau werden?"

▶▶ Zwei Männer reden über die Notwendigkeit, in allen Lagen dankbar zu sein. Da scheißt dem einen ein Vogel aufs Jackett. Fragt er den anderen: „So, jetzt sag mal, wofür ich dankbar sein soll!" Sagt der andere: „Dass Kühe nicht fliegen können."

▶▶ Sagt ein Fisch zum anderen: „Du, sach mal, kannst du mir mal deinen Kamm leihen?"
„Nö du, lass ma, hab zu viel Schuppen!"

▶▶ Sagt Abraham zu Bebraham: „Kann ich mal Dein Zebra ham?"

▶▶ Ein Einbrecher steigt in ein leeres Haus ein. Im 1. Stock hört er plötzlich eine Stimme: „Ich sehe dich, und der Kaiser sieht dich auch!" Der Einbrecher schrickt zusammen und sucht mit seiner Taschenlampe nach dem Besitzer der Stimme. Wieder hört er: „Ich sehe dich und der Kaiser sieht dich auch!" Da sieht er im Lichtkreis der Taschenlampe einen Papagei in seinem Käfig sitzen. „Dämlicher Vogel", denkt der Einbrecher erleichtert, schaltet das Licht an – und erblickt einen mächtigen Dobermann, der ihn mit funkelnden Augen anstarrt. „Kaiser, fass!"

▶▶ Ein Mann geht mit seinem Pudel ins Kino. Der Pudel amüsiert sich köstlich über den Film und lacht und lacht. Da dreht sich eine Dame verwundert um: „Sie haben aber einen seltsamen Hund." – „Ja, ich wundere mich auch die ganze Zeit", erwidert der Herr. „Das Buch hat ihm überhaupt nicht gefallen."

▶▶ Ein Bär, ein Fuchs und ein Hase werden zur Bundeswehr einberufen. Keiner der drei möchte aber zur Armee – was tun? Der Fuchs hat eine Idee: „Hase, bei dir ist es ganz einfach, wir schneiden dir die Löffel ab. Ein Hase ohne Löffel ist nicht tauglich." Gesagt, getan. Fuchs und Bär

warten vor der Tür auf den Hasen, der kommt strahlend raus: „Untauglich!" Fuchs: „Und was mach ich jetzt? Ich habe keine großen Ohren." Bär: „Kein Problem, wir schneiden deinen Fuchsschwanz ab. Kein Fuchs ist tauglich ohne seinen Fuchsschwanz." Gesagt, getan. Bär und Hase warten vor der Tür auf den Fuchs, der kommt strahlend raus: "„Untauglich!" Bär: „Und was ist mit mir? Ich habe keine langen Ohren und keinen langen Schwanz." Hase: „Kein Problem. Wir ziehen dir alle Zähne. Ein Bär ohne Zähne ist nicht tauglich." Gesagt, getan. Hase und Fuchs warten vor der Tür auf den Bären, der kommt raus: „Isch bün su dück!"

Dachs zum Bär: „Stimmt das, dass du eine Liste hast, wo alle Tiere draufstehen, die du töten willst? Und dass ich da auch draufstehe?" – „Ja, das stimmt!" Der Dachs haut ab, und nach drei Tagen findet man ihn tot im Wald.
Fuchs zum Bär: „Stimmt das, dass du eine Liste hast, wo alle Tiere draufstehen, die du töten willst? Und dass ich da auch draufstehe?" – „Ja, das stimmt."

Der Fuchs haut ab, und nach drei Tagen findet man ihn tot im Wald.
Eichhörnchen zum Bär: „Stimmt das, dass du eine Liste hast, wo alle Tiere draufstehen, die du töten willst? Und dass ich da auch draufstehe?" – „Ja, das stimmt." – „Kannst du mich von der Liste streichen?"

▶▶ Ein älterer Herr besucht eine Auktion. Zwischen den ganzen Sachen entdeckt er einen wunderschönen Papagei. Er beschließt, ihn zu ersteigern. Als der Vogel aufgerufen wird, beginnt der Auktionator: „Mindestgebot 2.500 Euro."
Der ältere Herr hebt die Hand, erhält das Gebot. „2.600 Euro", „2.700 Euro", 2.800 Euro" kommen die nächsten Gebote aus dem Publikum. Der ältere Herr ruft schließlich: „3.000." Das geht so weiter, und schließlich bekommt er den Papageien für 5.000 Euro. Er bezahlt, geht zum Auktionator und fragt: „Ich hoffe, der Vogel kann wenigstens sprechen, wenn er schon so teuer ist?" Antwortet dieser: „Logisch, was meinen Sie denn, wer gegen Sie geboten hat?"

▶▶ Thomas fährt mit seinem Papagei in den Urlaub. An der Grenze erfährt er, dass Papageien verzollt werden müssen. „Was kostet der Spaß?", will Thomas wissen. Der Zöllner antwortet: „Lebende Papageien 100 Euro – und ausgestopfte 15 Euro." Da krächzt der Papagei mit heiserer Stimme: „Mensch, Tommy, mach jetzt bloß keinen Mist!"

▶▶ Wundert sich das kleine Kaninchen im Aufklärungsunterricht: „Dann stimmt das also gar nicht mit dem Zylinder?!"

▶▶ Jede Kreatur reagiert auf ihre Weise, wenn sie aufgestört wird. Das Reh flüchtet, der Kugelfisch bläht sich auf und der Beamte setzt Schriftstücke in Umlauf.

▶▶ Was wäre gewesen, wenn der Sündenfall in China stattgefunden hätte? Der Apfel wäre am Baum geblieben, aber die Schlange wäre verspeist worden.

1. Wie bekommt man eine Giraffe in den Kühlschrank?

Kühlschrank auf, Giraffe rein, Kühlschrank zu.

Diese Frage prüft, ob du einfache Dinge zu sehr verkomplizierst.

2. Wie bekommt man einen Elefanten in den Kühlschrank?

Falsche Antwort: Kühlschrank auf, Elefant rein, Kühlschrank zu.

Richtige Antwort: Kühlschrank auf, Giraffe raus, Elefanten rein, Kühlschrank zu.

Diese Frage prüft, ob du die Folgen deiner Handlungen bedenkst.

3. Der König der Löwen beruft eine Tierkonferenz ein. Alle Tiere nehmen teil mit Ausnahme von einem. Welches Tier nimmt nicht teil?

Der Elefant! Er ist immer noch im Kühlschrank. Wie du weißt!

Diese Frage prüft dein Gedächtnis.

4. Du musst einen Fluss durchqueren, der von Krokodilen bewohnt ist. Wie stellst du das an?

Du schwimmst einfach rüber. Warum? Weil alle Krokodile bei der Tierkonferenz sind.

Diese Frage prüft, ob du schnell aus deinen Fehlern lernst.

„Da wird geopfert, dass es eine helle Freude ist!"

Aus Arnos Gemeinde

▶▶ Lothar stellt eine Petition vor, Wasser soll privatisiert werden, und er bittet um Unterschrift dagegen. Fragt Gerd: „Gilt das nur für Calden?"
Lothar: „Nee, für die ganze EU!"

▶▶ Jürgen räumt in der Küche auf, da findet er Mohrenköpfe, die schon etwas älter sind. Spontan sagt er: „Die sind jetzt schon so alt, die kann man sicher jetzt schon als Türstopper verwenden!"

▶▶ Wir sprechen über eine Mitarbeiterschulung, da fragt jemand: „Ist das eigentlich eine zweckfreie oder sektfreie Veranstaltung?"

▶▶ Nach einem Gottesdienst zum Thema „Himmel und Ewigkeit" gibt es eine Gebetsgemeinschaft. Elfi, eine engagierte Tierschützerin, betet: „Ich freue mich

schon auf den Himmel und dass in der
Ewigkeit kein Mensch ein Tier misshan-
delt, dass es keinen Krieg und auch
keine Weihnachtsgänse mehr gibt ..."
Daraufhin Peter von ein paar Reihen weiter hinten: „Ja, das ist auch der einzige
Nachteil vom Himmel ..."

▶▶ Wir reden im Hauskreis darüber, dass
sich im Gottesdienst jemand beschwert
hätte, dass ihn keiner begrüßt. Arno meckert etwas über diese Empfindlichkeit
und sagt: „Und wer begrüßt mich, ich
bin Ältester!?" Steluta daraufhin: „Vielleicht liegt das an deinem Alzheimer!"

▶▶ Andrea stellt den neuen Haushaltsplan
vor, und wir reden angesichts der hohen
Ölpreise für die Heizung darüber, wo wir
evtl. noch Geld einsparen könnten. Da
sagt Sibylle: „Wir können ja mal einen
evangelischen Gottesdienst durchführen,
da sitzen alle im Mantel in der Kirche."

▶▶ Robert erzählt seine Lebensgeschichte
im Hauskreis und sagt: „Mein Vater hat

immer gesagt: ‚Du landest mal im Zuchthaus' – und jetzt, wo bin ich gelandet? Im Hauskreis!'"

In der Ferienspielplanung sagt Arno zu Kordula, als sie ihre Ideen für die nächsten Ferienspiele an die Pinnwand anbringen will: „T H E K L A, jetzt bring aber bitte nicht alles wieder durcheinander!"

Wir reden über die Wartung unsres Druckers. Marion fragt: „Was heißt denn eigentlich Wartung?" Hanna: „Man muss warten, bis der Techniker kommt."

Dieter im Gespräch mit einem alten Bekannten: „Ich habe 50 Jahre gebraucht, um Gott zu finden." Da sagt sein Bekannter, der in einer extrem engen christlichen Gruppe aufgewachsen ist: „Und ich habe 50 Jahre gebraucht, um von Gott loszukommen!"

▶▶ Steluta telefoniert mit ihrer Verwandt-
schaft in Rumänien, die ihr erzählen,
dass sie in der orthodoxen Kirche gerade
die Auferstehung Jesu feiern. Daraufhin
Steluta: „Bei uns ist Jesus schon zwei
Wochen früher auferstanden."

▶▶ Nils in einer Predigt: „Lest mal Leviti-
cus, da wird geopfert, dass es eine helle
Freude ist!"

▶▶ Albrecht Kaul berichtet von seinen
China-Reisen und den chinesischen
Essgewohnheiten: „Irgendwann habe
ich nicht mehr nachgedacht, was ich im
Mund hatte, und mir nur noch gedacht:
Kauen, bis es nicht mehr krabbelt!"

▶▶ Albrecht Kaul predigt in unserer Gemeinde. Wir erzählen ihm, dass es bei unse-
ren Ferienspielen im letzten Jahr so heiß
war, dass wir unser großes Taufbecken
auf die Wiese gestellt haben und die ört-
liche Feuerwehr das Becken gefüllt hat.
Albrecht schaut aus dem Fenster und
kommentiert den strömenden Regen:
„Diesmal kommt das Wasser aber vom
Chef selber!"

Ich stehe im Bistro, als Sybille zu mir kommt und mir sagt: „Offen gestanden gefällt mir deine Hose nicht!" Ich denke: „Was geht die meine Hose an?", als ich das Wortspiel kapiere: Ich hatte vergessen, die Hose zuzumachen.

In jedem Mann steckt ein Kind, in Arno eine ganze Jungschargruppe.

Im Hauskreis reden wir über den Tod. Arno sagt, dass seine Beerdigung in Weiß und Schwarz gefeiert werden soll, Trauer und Freude sollen darin vorkommen. Freude, weil die Ewigkeit vor ihm liegt, Trauer, weil dieses Leben vorüber ist. Steluta fragt, mehr oder weniger ernst: „Sollen wir aus einem deiner Bücher vorlesen?"

In der Jungschar sagt ein Kind, dass es beim nächsten Mal nicht kommen könnte, weil zur gleichen Zeit in der Schule ein Märchenfest stattfindet. Am Tag des Märchenfestes ist dann ein Kind in der Jungschar, das eigentlich nicht kommen wollte. Thekla fragt: „Du bist ja gar nicht auf dem Märchenfest?"

„Nee", sagt Hannah, „das Märchenfest ist jedes Jahr, aber Jungschar ist nur ein Mal in der Woche!"

▶▶ Ein Ehepaar aus unserem Freundeskreis bekommt ein Baby und will es segnen lassen. Wir sprechen im Leitungskreis darüber, wie wir die Segnung durchführen. Jemand sagt beiläufig, dass die Eltern keine Mitglieder bei uns sind. Sagt Alfred: „Da kann doch das Baby nichts für!"

▶▶ Robert will mit der Jungschar Vogelhäuschen bauen. Da er noch etwas frustriert ist von den Planungsgesprächen mit unserem Bauausschuss und dem Architekten wegen des Umbaus unseres Gemeindezentrums, sagt er ganz erleichtert: „Nur gut, dass wir hierfür keinen Bauausschuss und keinen Architekten brauchen!"

▶▶ Hanna predigt über christliche Rache: „Oh Herr, nimm doch den Bruder zu dir, er hat es bei dir doch viel besser als bei uns!"

▶▶ Hanna freut sich im Hauskreis über Bennis gerade bestandenes Abitur. Arno ist über den guten Notendurchschnitt (1,8) erstaunt und fragt: „Woher der nur die Intelligenz hat?" Hanna: „Von mir auf jeden Fall nicht, ich habe sie nämlich noch."

▶▶ Arno steht an der Eingangstür des Gemeindezentrums und begrüßt die Ankommenden mit einer herzlichen Umarmung. Da sagt Robert: „Bist du jetzt der neue Türdrücker?"

▶▶ Als Arno Gerd auf dem Weihnachtsmarkt trifft, sagt er zu ihm: „Ich komme gerade aus dem Gefängnis und habe da ein Weihnachtskonzert gegeben." Daraufhin Gerd: „Die Armen, die haben dir zugehört, weil sie nicht abhauen konnten ..."

▶▶ Wir verlassen das Haus eines Hauskreisgastes, da sieht Hanna über der Tür ein Hufeisen. Sie macht eine kurze Bemerkung, woraufhin die Gastgeberin abwehrt: „Nein, nein, daran glauben wir auch nicht, wir haben es nur da hängen,

weil wir es halt schön fanden." Daraufhin Hanna: „Das Ding? Dazu gehört ja noch mehr Glaube!"

 In der Jungschar schwärmte Thekla den Kids vor, was für eine fette Party im Himmel gefeiert wird, wenn nur ein verlorener Mensch umkehrt und an Gott glaubt. „Alle Engel sind dabei und es geht voll ab." Celine, ein 9-jähriges Mädchen und „bekennende Atheistin", meldet sich: „Also, ich sag dir mal eins: Ich glaub jetzt schon halb an Gott! Gibt's für mich dann 'ne halbfette Party? Vielleicht kommen dann nur die Hälfte der Engel?"

Jemand sagt aus Versehen: „Wie war das letzte Frühstücksfressen für Frauen?"

▶▶ Gebet am Abend: „Der Tag war lang, kümmere du dich um deine Herde, Herr, ich geh jetzt schlafen."

▶▶ Schwarzes Schaf war gestern.

▶▶ Werden Sie vom Fan zum Schaf: Fans bewundern Jesus nur, aber Schafe folgen ihm nach!

▶▶ Bei Licht besehen ist auch der Leithammel nur ein Schaf.

▶▶ Warum sagt der Mann zur Frau immer Schatzi? Weil er sich nicht entscheiden kann zwischen Schaf und Ziege.

▶▶ Was hört man, wenn man sich einen Döner ans Ohr hält? Das Schweigen der Lämmer.

▶▶ Ein Bischof besucht den Kindergottesdienst und fragt die Kinder: „Wer ist der gute Hirte?"
„Das ist Jesus."
„Und wer sind die Schafe?"
„Die Erwachsenen."
„Und wer sind die Lämmer?"
„Das sind wir Kinder."
„Wisst ihr auch, wer ich bin?"
„Der Hund des Hirten!"

▶▶ Jesus sagte zu Petrus: „Weide meine Schafe!", und nicht: „Melke oder schere sie."
Antonius von Padua

▶▶ Ein Schoßhund sitzt auf dem Schoß. Und ein Schäferhund?

▶▶ Die Landeskirche bei uns im Ort hat 500 Schafe und einen Hirten. Die Freikirche bei uns im Ort hat 500 Hirten und ein Schaf.

▶▶ Schwarze Schafe sind die einzigen Tiere, die nicht aussterben.

Arno Backhaus kann man übrigens auch einladen, allein oder mit seiner Frau Hanna:

- ➲ zu einem Vortrag über AD(H)S

- ➲ zu einem Vortrag über Humor für Frühstückstreffen für Männer oder/und Frauen

- ➲ zu einem Konzert „Lieder, Texte & Persönliches – zum Über-leben und Totlachen"

- ➲ zu einer „Kinder-Überraschung" mit Spiel, Spaß & Gags (mit oder ohne Erwachsene)

- ➲ zu einem Seminar „Kommunikation & missionarischer Lebensstil"

- ➲ zu einer „Laugh-Parade" mit viel Klamauk, Gags, Witzen, Songs und Volkstanz

Hier können Sie die unterschiedlichen Programme für Jung und Alt unverbindlich anfordern:

Hanna & Arno Backhaus
Hauptstraße13 · 34379 Calden (bei Kassel)
Tel.: 0 56 77-13 43 · bauchladen@arno-backhaus.de
homepage: www.arno-backhaus.de
web-shop: www.arnobackhaus.de

Arnos Medien-Parade

Lache, und die
Weltlacht mit dir!
€ 9,00

Lieber Lachfalten
alsTränensäcke
€ 9,00

Lache über deinen
Nächsten …
€ 9,00

Bibel dir
deine Meinung
€ 10,00

Woran starb
das Tote Meer?
€ 9,00

Ist das Kunst oder
kann das weg?
€ 9,00

Arnos Advents- und
Why-Nachtsbuch
€ 12,00

Ach du Schreck!
AD(H)S
€ 16,00

55 Spiele für den
Kindergeburtstag
€ 8,00

55 Spiele für die
Geburtstagsparty
€ 8,00

55 Spiele für viele
€ 8,00

MerkMory
64 Karten (32 Paare)
€ 15,00 unv. Pr.

Das wäre ja gelacht!
Hörbuch
€ 10,00 unv. Pr.

Hin und weg
Postkarten-Kalender
€ 9,00

Arnos Postkarten
Sammlung 1
€ 9,00 unv. Pr.

Arnos Postkarten
Sammlung 2
€ 9,00 unv. Pr.